Comercio de criptomonedas

El Arte del Comercio de Criptomonedas: Estrategias para Obtener Ganancias en el Mercado de Activos Digitales

Alejandro Delgado

Tabla de contenidos

INTRODUCCIÓN

El comercio de criptomonedas se ha convertido en una oportunidad rentable y emocionante en el mundo de las finanzas. Un número creciente de personas de todos los ámbitos de la vida están ingresando al mercado de comercio de criptomonedas para aprovechar el enorme potencial que brindan los activos digitales y la tecnología blockchain. Pero navegar por el intrincado e impredecible mercado de activos digitales implica algo más que simplemente buena suerte; También requiere una comprensión profunda de las estrategias y técnicas que pueden resultar en operaciones ganadoras.

Profundizaremos en el fascinante mundo del comercio de criptomonedas en este libro electrónico, "Comercio de criptomonedas: el arte del comercio de criptomonedas - Estrategias para obtener ganancias en el mercado de activos digitales", y le brindaremos el conocimiento y las habilidades que necesita para navegar con confianza por este entorno dinámico.

Comenzaremos por sentar una base sólida para el comercio de criptomonedas definiéndolas y destacando las ventajas y riesgos de este tipo de inversión. Comprender la industria de las criptomonedas es crucial, por lo que analizaremos los fundamentos de las criptomonedas, los participantes significativos, las tendencias del mercado y los factores que afectan los precios de las criptomonedas.
Aunque puede parecer desalentador comenzar a operar con criptomonedas, lo guiaremos a través del proceso. Aprenderá información útil para ayudarlo a comenzar su carrera comercial, desde la creación de una billetera de

criptomonedas hasta la elección de un intercambio confiable y la comprensión de varias órdenes de criptomonedas.

Para las decisiones de trading, es esencial tener una sólida comprensión tanto del análisis fundamental como del técnico. Repasaremos cómo examinar los fundamentos de un proyecto, medir la aceptación del mercado y mantenerse al tanto de las noticias y eventos que podrían afectar los precios de las criptomonedas. También cubriremos el análisis técnico, brindándole el conocimiento y las habilidades para examinar gráficos de precios, identificar patrones y usar una variedad de indicadores para tomar decisiones comerciales basadas en datos.

El secreto del éxito en el mercado de las criptomonedas es la creación de técnicas de trading eficientes. Analizaremos las técnicas a corto y largo plazo, nos sumergiremos en las técnicas de trading intradía, swing y posición, y haremos hincapié en el valor de la gestión del riesgo y la contención emocional a la hora de operar.
Le presentaremos estrategias de trading avanzadas, incluyendo trading de margen, estrategias de arbitraje, trading algorítmico y trading social a medida que progresen sus conocimientos y experiencia. Puede aumentar su rendimiento comercial y su rentabilidad con la ayuda de estas estrategias.
Es vital evaluar y elegir las mejores criptomonedas para su cartera. Le ayudaremos a aprender a explorar y evaluar las criptomonedas, evaluar la tokenómica y la utilidad, comprender los documentos técnicos y las hojas de ruta, e identificar perspectivas de inversión intrigantes.

Sin embargo, es importante mencionar que el comercio de criptomonedas conlleva riesgos. Discutiremos estos riesgos, proporcionaremos una advertencia y destacaremos la importancia de cumplir con la ley y obtener orientación competente. También hablaremos sobre cómo el comercio de criptomonedas puede tener implicaciones para los impuestos.

Mantenerse informado y adaptarse a la dinámica del mercado es esencial para tener éxito en el mercado de criptomonedas en constante evolución. Se cubrirán fuentes de noticias confiables, comunidades de criptomonedas y técnicas para monitorear el sentimiento del mercado. También haremos hincapié en el valor de la educación continua y la mejora de las habilidades para seguir siendo competitivos en este sector de ritmo rápido. Cuando termine de leer este libro electrónico, tendrá una comprensión profunda del comercio de criptomonedas, mejorará sus habilidades analíticas y desarrollará estrategias efectivas para navegar por el mercado de activos digitales. Este libro electrónico será su guía esencial para ganar dinero en el fascinante mundo del comercio de criptomonedas, ya sea que sea un comerciante principiante o un inversor experimentado que desee ampliar sus horizontes. Así que embarquémonos juntos en esta aventura y descubramos los secretos del comercio de criptomonedas.

CAPÍTULO I

Entendiendo el Mercado de Criptomonedas

Conceptos Básicos de las Criptomonedas

Las criptomonedas han revolucionado el panorama financiero, ofreciendo un medio descentralizado y seguro para realizar transacciones y almacenar valor. Como monedas digitales impulsadas por la tecnología blockchain, han atraído una inmensa atención y popularidad en los últimos años. En esta sección, profundizaremos en los conceptos básicos de las criptomonedas, explorando su definición, la tecnología subyacente y las características clave que las distinguen de las formas tradicionales de moneda.

Las criptomonedas, a menudo llamadas monedas digitales o virtuales, son activos digitales diseñados para servir como medios de intercambio. Emplean técnicas criptográficas para asegurar las transacciones y controlar la creación de nuevas unidades. Las criptomonedas se remontan a 2009, cuando la enigmática figura, Satoshi Nakamoto, introdujo Bitcoin, la primera y más conocida criptomoneda.

La tecnología blockchain, un sistema de contabilidad descentralizado y transparente, está en el corazón de las criptomonedas. Se utiliza una red distribuida de computadoras, o nodos, conocida como cadena de bloques, para mantener y validar las transacciones. Cada transacción se agrupa en un "bloque" y se agrega a una cadena de bloques existentes, formando un registro inmutable. Esta tecnología garantiza la transparencia, la seguridad y la resistencia al fraude.

Una de las características clave de las criptomonedas es la descentralización. A diferencia de las monedas tradicionales controladas por bancos centrales o gobiernos, las criptomonedas operan en redes descentralizadas. Esto significa que ninguna entidad tiene autoridad completa sobre la moneda, lo que fomenta un sentido de confianza y elimina la necesidad de intermediarios.

La seguridad y el anonimato también son aspectos cruciales de las criptomonedas. Las criptomonedas emplean técnicas criptográficas para asegurar las transacciones y controlar la creación de nuevas unidades. Las claves públicas y privadas se utilizan para autenticar y verificar la propiedad, lo que garantiza transacciones seguras y a prueba de manipulaciones. Además, aunque las transacciones se registran en la cadena de bloques, las identidades de los participantes siguen siendo seudónimas, lo que proporciona cierto grado de privacidad.

Las criptomonedas también tienen un suministro limitado. La mayoría de las criptomonedas tienen un suministro finito, a menudo determinado por algoritmos predefinidos. Por ejemplo, el límite de 21 millones de monedas en Bitcoin proporciona escasez y la posibilidad de aumentar el valor con el tiempo.

Además, las criptomonedas ofrecen accesibilidad global. Trascienden las fronteras, lo que permite transacciones fluidas y casi instantáneas a escala global. Siempre que uno tenga conexión a Internet, puede participar en el ecosistema de las criptomonedas, fomentando la inclusión financiera y las transacciones transfronterizas.

La minería de criptomonedas juega un papel fundamental en la creación y verificación de transacciones. Los mineros, personas o entidades con hardware y software especializados, validan las transacciones y las agregan a la cadena de bloques. Este proceso implica la resolución de complejos acertijos matemáticos, lo que consume potencia computacional y energía. Los mineros son incentivados con unidades de criptomonedas recién acuñadas y tarifas de transacción.

Bitcoin (BTC) es el pionero de las criptomonedas y sigue siendo la moneda digital más reconocida y dominante. Allanó el camino para el desarrollo de muchas otras criptomonedas y continúa teniendo un valor y una capitalización de mercado significativos.

Ethereum (ETH) introdujo el concepto de contratos inteligentes, que son acuerdos autoejecutables con condiciones predefinidas. Esta funcionalidad ha permitido la creación de aplicaciones descentralizadas (dApps) y la emisión de nuevos activos digitales a través de Ofertas Iniciales de Monedas (ICO).

Ripple (XRP) tiene como objetivo revolucionar los pagos transfronterizos al facilitar transacciones rápidas y de bajo costo entre instituciones financieras. Funciona con un mecanismo de consenso diferente llamado Algoritmo de Consenso del Protocolo Ripple (RPCA).

Las criptomonedas tienen una serie de ventajas potenciales. En primer lugar, pueden ayudar a las poblaciones no bancarizadas o subbancarizadas de todo el mundo que no tienen acceso a las instituciones bancarias convencionales a ser incluidas financieramente. En segundo lugar, en comparación con los sistemas financieros existentes, las transacciones de criptomonedas pueden ser más asequibles, especialmente para las transacciones internacionales. Por último, las aplicaciones descentralizadas y los contratos inteligentes creados en plataformas blockchain permiten casos de uso innovadores en diversos sectores, como la gestión de la cadena de suministro, la verificación de identidad y las finanzas descentralizadas.
Sin embargo, las criptomonedas también presentan desafíos. La volatilidad de sus precios es bien conocida, lo que puede generar ganancias o pérdidas sustanciales para los inversores. La incertidumbre regulatoria es otro desafío, ya que los gobiernos y los organismos reguladores lidian con la regulación de las criptomonedas, lo que crea incertidumbre y posibles desafíos legales. Además, la escalabilidad de las redes blockchain sigue siendo un desafío, con preocupaciones sobre la velocidad de las transacciones y la capacidad de manejar una gran cantidad de transacciones simultáneas.

Actores clave en el Mercado de Criptomonedas

Desde el lanzamiento de Bitcoin en 2009, ha habido un crecimiento y desarrollo significativos en el sector de las criptomonedas. A medida que la popularidad de las criptomonedas se disparó, surgieron numerosos actores clave que contribuyeron al desarrollo y expansión del ecosistema de activos digitales. En esta sección, exploraremos los actores clave en el mercado de las criptomonedas, incluidos individuos, empresas y organizaciones que han desempeñado un papel fundamental en la configuración de la industria e impulsando su progreso.

La revolución de las criptomonedas comenzó con la introducción de Bitcoin por parte de la misteriosa figura conocida como Satoshi Nakamoto. Aunque la identidad exacta de Satoshi Nakamoto sigue siendo un misterio, su innovador libro blanco y la creación de Bitcoin sentaron las bases de todo el mercado de las criptomonedas. La visión de Nakamoto de una moneda digital descentralizada sigue inspirando e influyendo en el desarrollo de nuevas criptomonedas.

La primera y más reconocida criptomoneda, Bitcoin, ha sido fundamental en el establecimiento de la industria de las criptomonedas. Creó la base para otras criptomonedas e introdujo la idea de la tecnología blockchain. La naturaleza descentralizada de Bitcoin, su oferta limitada y sus transacciones seguras han atraído una atención significativa, lo que lo convierte en el activo digital líder en capitalización de mercado y adopción generalizada. Vitalik Buterin, un joven programador y entusiasta de las criptomonedas, cofundó Ethereum, una plataforma blockchain que introdujo el concepto de contratos inteligentes. La visión de Buterin era crear una plataforma descentralizada que permitiera el desarrollo de aplicaciones descentralizadas (DApps) y contratos programables. El enfoque innovador de Ethereum ha fomentado un vibrante ecosistema de proyectos e iniciativas, incluidas las Ofertas Iniciales de Monedas (ICO) y las aplicaciones de finanzas descentralizadas (DeFi).

Binance, fundada por Changpeng Zhao (CZ), se ha convertido en uno de los exchanges de criptomonedas más grandes e influyentes a nivel mundial. Binance tiene una base de usuarios considerable debido a su interfaz fácil de usar, su amplia selección de criptomonedas admitidas y sus características innovadoras. La criptomoneda nativa del exchange, Binance Coin (BNB), desempeña un papel crucial en el ecosistema de Binance, impulsando las tarifas comerciales con descuento y otros servicios.

Coinbase, fundada por Brian Armstrong, es un destacado exchange de criptomonedas y uno de los pioneros en hacer que las criptomonedas sean accesibles para los usuarios convencionales. Con el fin de cerrar la brecha entre las finanzas convencionales y el mundo de las criptomonedas, Coinbase proporciona una plataforma fácil de usar para comprar, vender y mantener criptomonedas. La salida a bolsa de la empresa en 2021 consolidó aún más su posición como actor clave en el mercado de las criptomonedas.

Ripple, cofundada por Chris Larsen y Jed McCaleb, tiene como objetivo revolucionar los pagos y remesas transfronterizos utilizando la tecnología blockchain. La criptomoneda nativa de Ripple, XRP, desempeña un papel central en la facilitación de transacciones rápidas y de bajo costo entre instituciones financieras. La compañía se ha asociado con los principales bancos e instituciones financieras de todo el mundo, posicionándose como un actor clave en el ecosistema financiero global.

Cardano, fundada por Charles Hoskinson, es una plataforma blockchain centrada en la seguridad, la escalabilidad y la sostenibilidad. Con un fuerte énfasis en la investigación académica y los protocolos revisados por pares, Cardano tiene como objetivo proporcionar una base sólida para crear aplicaciones descentralizadas y permitir transacciones seguras y escalables. La cadena de bloques de Cardano utiliza su criptomoneda nativa, ADA, como medio de transferencia de valor dentro del ecosistema.

Más allá de Bitcoin y Ethereum, muchas otras criptomonedas influyentes han dejado su huella en el mercado. Litecoin, creado por Charlie Lee, pretende ser una versión más rápida y ligera de Bitcoin, a menudo considerada una "plata" frente al "oro" de Bitcoin. El XRP de Ripple, mencionado anteriormente, se centra en facilitar las transacciones transfronterizas. Otras criptomonedas notables incluyen Bitcoin Cash, Chainlink, Polkadot y muchas más, cada una con sus características y casos de uso únicos.

Análisis y Tendencias del Mercado

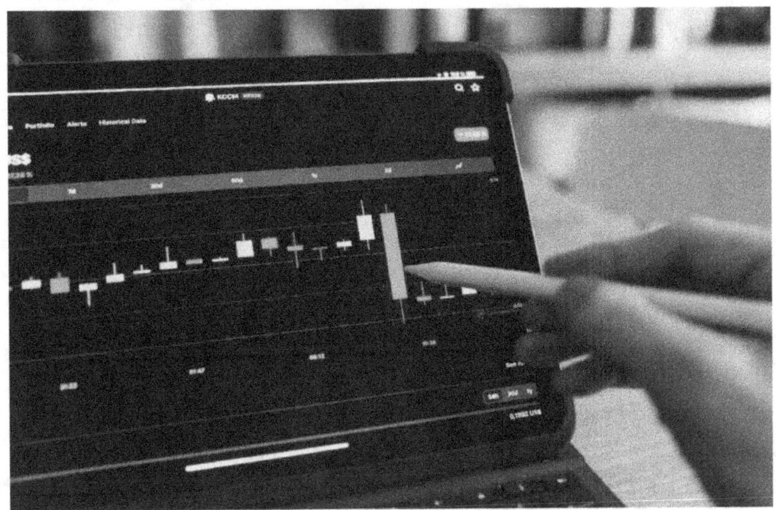

El análisis y las tendencias del mercado juegan un papel crucial en la comprensión de la dinámica y las oportunidades potenciales dentro del mercado de criptomonedas. Es crucial mantenerse al día con los desarrollos del mercado, el sentimiento de los inversores y las nuevas tendencias a medida que el ecosistema de activos digitales se desarrolla y crece. En esta sección, exploraremos el análisis de mercado y las tendencias en el mercado de criptomonedas, incluida la importancia del análisis, los indicadores clave, los ciclos del mercado y las tendencias notables que dan forma a la industria.

El análisis de mercado es una herramienta vital para los inversores y comerciantes en el mercado de criptomonedas. Implica evaluar varios factores para obtener información sobre el estado actual del mercado y los posibles movimientos futuros. Los inversores pueden tomar decisiones informadas y gestionar los riesgos mediante el análisis de datos históricos, tendencias y sentimiento del mercado. El análisis de mercado proporciona información valiosa para identificar oportunidades de inversión, determinar puntos de entrada y salida y diseñar estrategias comerciales efectivas.

Uno de los indicadores clave utilizados en el análisis de mercado es el análisis de precios. Esto implica examinar los datos históricos de precios para identificar patrones, tendencias y niveles de soporte/resistencia. Las herramientas de análisis técnico, como los gráficos, los patrones de velas y las líneas de tendencia, se utilizan para interpretar los movimientos de los precios y predecir la acción futura de los precios.

El volumen de operaciones es otro indicador crucial. Se refiere al número total de activos negociados dentro de un período específico. Un alto volumen de operaciones a menudo indica un aumento de la actividad del mercado y la liquidez, lo que sugiere un gran interés y participación de los inversores. El monitoreo del volumen de operaciones ayuda a medir el sentimiento del mercado e identificar movimientos de precios significativos. Multiplicar el precio de una criptomoneda por su suministro circulante se utiliza para determinar su capitalización de mercado. Estima el valor general y el tamaño relativo de una criptomoneda dentro del mercado. El análisis de la capitalización de mercado ayuda a identificar las criptomonedas más destacadas y a evaluar su dominio del mercado.

El análisis de sentimiento es otro aspecto importante del análisis de mercado. Implica evaluar el sentimiento del mercado y las emociones de los inversores para medir las expectativas del mercado y los posibles movimientos de precios. Este análisis se puede realizar a través del monitoreo de redes sociales, indicadores de sentimiento o encuestas. El sentimiento positivo puede indicar un mercado alcista, mientras que el sentimiento negativo puede sugerir un mercado bajista.

El mercado de criptomonedas experimenta tendencias alcistas y bajistas, impulsadas por varios factores, incluido el sentimiento de los inversores, los avances tecnológicos, los desarrollos regulatorios y las condiciones macroeconómicas. El aumento de los precios, el aumento del optimismo de los inversores y una tendencia general al alza caracterizan a los mercados alcistas. Los mercados bajistas, por otro lado, ven precios a la baja, un mayor pesimismo y una tendencia a la baja. Comprender los ciclos del mercado ayuda a los inversores a tomar decisiones informadas y a ajustar sus estrategias en consecuencia.

El mercado de las criptomonedas está influenciado por varias tendencias notables que están dando forma a su crecimiento y desarrollo. Una de esas tendencias es la adopción institucional. Las instituciones financieras establecidas, los fondos de cobertura y las corporaciones reconocen cada vez más el potencial de los activos digitales e invierten en criptomonedas. Esta tendencia aporta una mayor liquidez, estabilidad y credibilidad al mercado.

Las finanzas descentralizadas (DeFi) son otra tendencia importante en el mercado de las criptomonedas. El término "DeFi" se refiere a un grupo de aplicaciones financieras creadas utilizando la tecnología blockchain como sustitutos descentralizados de las instituciones financieras establecidas. DeFi ha ganado una tracción considerable, ofreciendo oportunidades como préstamos descentralizados, agricultura de rendimiento y exchanges descentralizados. Esta tendencia puede remodelar los sistemas financieros convencionales y democratizar el acceso a los servicios financieros.

Los tokens no fungibles (NFT) se han convertido en una tendencia vibrante en el mercado de las criptomonedas. Los NFT son activos digitales únicos que representan la propiedad o la prueba de autenticidad de un artículo específico, como obras de arte, objetos de colección o bienes inmuebles virtuales. La aparición de los NFT pone de manifiesto el potencial de la tecnología blockchain más allá de las criptomonedas, proporcionando nuevas oportunidades para artistas, creadores y coleccionistas.

Los desarrollos regulatorios también tienen un impacto significativo en el mercado de las criptomonedas. A medida que el mercado madura, se están desarrollando marcos regulatorios para abordar las preocupaciones de seguridad, fraude y protección de los inversores. El seguimiento de las tendencias regulatorias es crucial para comprender el panorama legal y su impacto potencial en el mercado.

El análisis de las tendencias del mercado implica el seguimiento y la evaluación continuos de diversos factores para identificar patrones, anticipar los movimientos del mercado y tomar decisiones de inversión informadas. Al realizar un seguimiento del análisis de mercado, los inversores pueden ajustar sus estrategias, capitalizar las tendencias emergentes y mitigar los riesgos. Conocer las tendencias del mercado también ayuda a identificar posibles oportunidades de inversión, diversificar carteras y adaptarse a las condiciones cambiantes del mercado.

Factores que Influyen en los Precios de las Criptomonedas

El mercado de las criptomonedas es conocido por su volatilidad y sus rápidas fluctuaciones de precios. Comprender los factores que influyen en los precios de las criptomonedas es crucial para los inversores, comerciantes y entusiastas que buscan navegar por este mercado dinámico. En esta sección, exploraremos los diversos factores que pueden afectar los precios de las criptomonedas, incluida la dinámica de la oferta y la demanda, el sentimiento del mercado, los desarrollos regulatorios, los avances tecnológicos y los factores macroeconómicos.

La dinámica de la oferta y la demanda juega un papel fundamental en la determinación de los precios de las criptomonedas. El suministro total de una criptomoneda, a menudo dictado por su protocolo o algoritmo subyacente, puede influir en su escasez y valor percibido. Las criptomonedas con suministros limitados o tasas de inflación decrecientes pueden experimentar una presión de precios al alza debido al aumento de la escasez. Además, la demanda de criptomonedas puede verse influenciada por varios factores. El creciente interés de los inversores individuales e institucionales, el aumento de la adopción en diversas industrias y el reconocimiento por parte de las principales instituciones financieras pueden contribuir al aumento de la demanda y potencialmente hacer subir los precios. Por el contrario, la disminución de la demanda o el sentimiento negativo del mercado pueden provocar caídas de precios.

El sentimiento del mercado y la psicología de los inversores tienen un impacto significativo en los precios de las criptomonedas. El sentimiento positivo, impulsado por el optimismo, los avances tecnológicos o las noticias de adopción del mercado, puede conducir a un aumento de la actividad de compra y a movimientos alcistas de los precios. Por el contrario, el sentimiento negativo, alimentado por la preocupación por las brechas de seguridad, la incertidumbre regulatoria o las noticias negativas, puede desencadenar una presión de venta y una caída de los precios.

El mercado de las criptomonedas es conocido por su alta volatilidad, que puede verse influenciada por las emociones de los inversores, como el miedo, la codicia y la mentalidad de rebaño. El FUD (miedo, la incertidumbre y la duda) y el FOMO (miedo a perderse algo) pueden provocar un comportamiento inusual del mercado y oscilaciones de precios infladas. Comprender y analizar el sentimiento del mercado es crucial para que los inversores tomen decisiones informadas y gestionen los riesgos de forma eficaz.

Los desarrollos regulatorios y el panorama legal tienen un impacto significativo en los precios de las criptomonedas. Las regulaciones, políticas y acciones gubernamentales pueden influir en el sentimiento del mercado y la confianza de los inversores. Los desarrollos regulatorios positivos, como pautas claras y legislación de apoyo, pueden fomentar la confianza y la legitimidad en las criptomonedas, lo que podría conducir a la apreciación del precio.

Por el contrario, las incertidumbres regulatorias o las medidas restrictivas pueden crear incertidumbre y afectar negativamente los precios de las criptomonedas. Las noticias sobre posibles prohibiciones, regulaciones más estrictas o medidas enérgicas contra las actividades relacionadas con las criptomonedas pueden desencadenar ventas masivas en el mercado y caídas de precios. El panorama regulatorio varía según las jurisdicciones, y los cambios en la regulación pueden tener efectos a corto y largo plazo en los precios de las criptomonedas.

Los avances tecnológicos y la innovación juegan un papel vital en la configuración de los precios de las criptomonedas. Las mejoras en la tecnología blockchain, las soluciones de escalabilidad y las medidas de seguridad pueden mejorar la funcionalidad y utilidad de las criptomonedas, atrayendo a más usuarios e inversores. Los desarrollos positivos, como la implementación de nuevos algoritmos de consenso, mejoras de privacidad o soluciones de interoperabilidad, pueden aumentar los precios, ya que demuestran el potencial de las aplicaciones en el mundo real.

Además, la aparición de nuevos casos de uso y aplicaciones dentro del ecosistema de las criptomonedas puede afectar significativamente a los precios. Por ejemplo, el auge de las finanzas descentralizadas (DeFi), los tokens no fungibles (NFT) y las plataformas de juego basadas en blockchain ha atraído una mayor atención e inversión, lo que ha llevado a una apreciación del precio de las criptomonedas asociadas a estos sectores.

Los factores macroeconómicos y los eventos globales pueden influir en los precios de las criptomonedas, como lo hacen con los mercados financieros tradicionales. Las criptomonedas no son inmunes a las tendencias económicas más amplias y a los acontecimientos geopolíticos. Factores como la inflación, los tipos de interés, la estabilidad económica y las crisis mundiales pueden afectar al sentimiento de los inversores y al apetito por el riesgo, lo que, a su vez, puede afectar a los precios de las criptomonedas.

Por ejemplo, durante períodos de incertidumbre económica o volatilidad de los mercados financieros, los inversores pueden recurrir a las criptomonedas como una posible reserva de valor o cobertura contra los mercados tradicionales. Este aumento de la demanda puede hacer subir los precios de las criptomonedas. Por el contrario, las condiciones económicas positivas o los buenos rendimientos de las clases de activos convencionales pueden desviar la inversión de las criptomonedas, lo que provocaría caídas de precios.

CAPÍTULO II

Introducción al comercio de criptomonedas

Configuración de una billetera de Criptomonedas

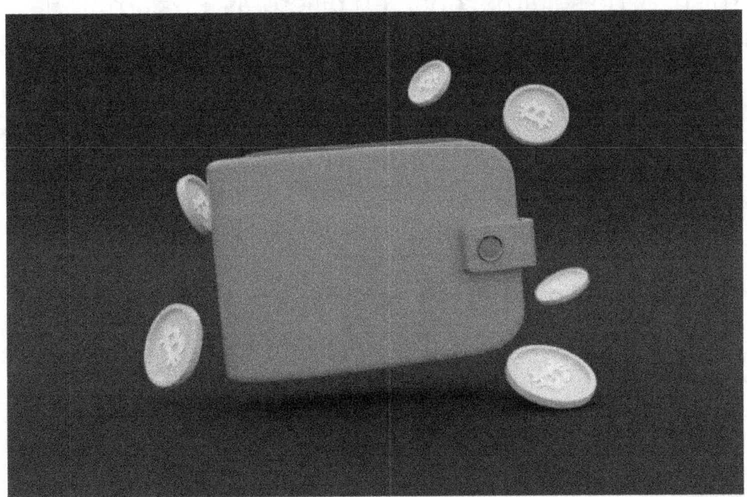

A medida que las criptomonedas continúan ganando popularidad, las personas necesitan un medio seguro y confiable para almacenar y administrar sus activos digitales. Aquí es donde entran en juego las billeteras de criptomonedas. Una herramienta digital llamada billetera de criptomonedas permite a los usuarios transmitir, recibir y almacenar sus criptomonedas de manera segura. En esta sección, exploraremos el proceso de configuración de una billetera de criptomonedas, los diferentes tipos de billeteras disponibles, sus características y la importancia de la seguridad para salvaguardar sus activos digitales.

Una billetera de criptomonedas es un programa de software o dispositivo de hardware que guarda de forma segura las claves de criptomonedas de un usuario en lugar de una billetera física. Estas claves, que consisten en una clave privada y una clave pública, son esenciales para acceder y administrar las tenencias de criptomonedas del usuario.

Es importante tener en cuenta que las criptomonedas en sí mismas no se almacenan en billeteras. En cambio, las billeteras almacenan las claves criptográficas que permiten a los usuarios acceder a sus tenencias en la cadena de bloques. Las billeteras de criptomonedas proporcionan una interfaz fácil de usar que simplifica la interacción con la cadena de bloques y la administración de activos digitales.

Las billeteras de criptomonedas se pueden clasificar ampliamente en billeteras de software, hardware y papel. Las billeteras de software son aplicaciones digitales que se pueden instalar en computadoras, teléfonos inteligentes o tabletas. Ofrecen comodidad y accesibilidad a los usuarios. Las billeteras de software se pueden clasificar en billeteras de escritorio, móviles y web, cada una de las cuales se adapta a diferentes preferencias y necesidades de los usuarios.

Las billeteras de escritorio se instalan y ejecutan en computadoras personales o portátiles, lo que brinda a los usuarios un control total sobre sus claves privadas. Las billeteras móviles para teléfonos inteligentes y tabletas ofrecen acceso sobre la marcha a las criptomonedas. Se puede acceder a las billeteras web a través de navegadores web y brindan la comodidad de acceder a las criptomonedas desde cualquier dispositivo con conexión a Internet.

Las billeteras de hardware son objetos tangibles hechos solo para guardar criptomonedas de forma segura. Ofrecen una solución de almacenamiento fuera de línea, manteniendo las claves privadas fuera de línea y fuera del alcance de posibles amenazas en línea. Una de las alternativas más seguras accesibles, las billeteras de hardware agregan una capa adicional de defensa contra el malware y los intentos de piratas informáticos.

Las billeteras de papel implican generar un par de claves públicas y privadas fuera de línea e imprimirlas en una hoja de papel física. Las billeteras de papel se consideran una forma de almacenamiento en frío, ya que no están conectadas a Internet. Proporcionan una opción segura para el almacenamiento a largo plazo, ya que las claves privadas se mantienen fuera de línea, lo que minimiza el riesgo de ataques en línea.

La configuración de una billetera de criptomonedas varía según el tipo de billetera elegida. Sin embargo, hay pasos comunes a tener en cuenta al configurar una billetera:

Antes de configurar una billetera de criptomonedas, es importante investigar diferentes billeteras y considerar factores como las características de seguridad, la facilidad de uso, las criptomonedas admitidas y la compatibilidad con sus dispositivos. Seleccione una billetera de acuerdo con sus requisitos y preferencias únicos.

Para billeteras de software, visite el sitio web oficial de la billetera elegida o la tienda de aplicaciones y descargue la aplicación. Siga las instrucciones de instalación proporcionadas por el proveedor de la billetera.

Asegúrese de descargar de fuentes confiables para evitar posibles intentos de malware o phishing.

Una vez que la billetera esté instalada, abra la aplicación y cree una nueva billetera. Por lo general, esto implica elegir una contraseña o frase de contraseña segura. Siga las instrucciones proporcionadas por la billetera para completar el proceso de configuración. Algunas billeteras también pueden generar una frase semilla, que es una serie de palabras generadas aleatoriamente que se pueden usar para recuperar la billetera en caso de pérdida o falla del dispositivo.

Crear una copia de seguridad de su billetera es esencial para protegerse contra la pérdida de claves privadas o fallas del dispositivo. Siga las instrucciones de la billetera para hacer una copia de seguridad de su billetera de forma segura. Las opciones de copia de seguridad incluyen escribir una frase semilla o una clave privada en papel o usar copias de seguridad cifradas en dispositivos de almacenamiento externo. Separado del dispositivo que se utilizó para configurar la billetera, mantenga la copia de seguridad en un área segura.

Para comenzar a usar su billetera, debe agregarle criptomonedas. Obtenga la dirección pública de la billetera, que sirve como su identificador único en la cadena de bloques, y utilícela para recibir fondos de intercambios u otras billeteras. Siga las instrucciones de la billetera para recibir criptomonedas.

Al crear y utilizar una billetera de criptomonedas, la seguridad es de suma importancia. Las criptomonedas son inherentemente seguras, pero la responsabilidad de salvaguardar las claves privadas recae en el propietario de la billetera. Tenga en cuenta las siguientes medidas de seguridad:

Elija una contraseña segura y única para su billetera, combinando una combinación de letras mayúsculas y minúsculas, números y caracteres especiales. Cuando sea posible, habilite la autenticación de dos factores (2FA) para proteger aún más su billetera. 2FA requiere otro paso de verificación para acceder a la billetera, como un código enviado a su dispositivo móvil.

Asegúrese de que el software de su billetera esté actualizado. Los desarrolladores de billeteras lanzan regularmente actualizaciones que incluyen parches de seguridad y mejoras. Mantener actualizado el software de su billetera ayuda a protegerse contra posibles vulnerabilidades y garantiza que tenga acceso a las últimas funciones de seguridad.

Cree copias de seguridad periódicas de su billetera y guárdelas de forma segura en un almacenamiento cifrado o fuera de línea. En caso de pérdida, robo o daño de un dispositivo, tener una copia de seguridad le permite recuperar su billetera y acceder a sus fondos. Siga las instrucciones de la billetera para hacer una copia de seguridad y recuperar su billetera.

Considere la posibilidad de utilizar opciones de almacenamiento en frío, como monederos de hardware o monederos de papel, para el almacenamiento a largo plazo de importantes tenencias de criptomonedas. El almacenamiento en frío mantiene las claves privadas fuera de línea, lo que reduce significativamente el riesgo de amenazas en línea. Las billeteras de hardware, en particular, brindan una capa adicional de seguridad al mantener las claves privadas aisladas de los dispositivos conectados a Internet.

Tenga cuidado con los intentos de phishing, en los que los actores maliciosos se hacen pasar por proveedores o plataformas de billeteras legítimas para robar sus claves privadas o credenciales de inicio de sesión. Asegúrese siempre de acceder a su billetera a través de sitios web oficiales o tiendas de aplicaciones confiables. Verifique dos veces las URL de los sitios web y evite hacer clic en enlaces sospechosos o proporcionar información confidencial a fuentes desconocidas.

Elegir un Exchange de Criptomonedas

En el mundo de las criptomonedas, que evoluciona rápidamente, elegir el exchange de criptomonedas adecuado es crucial para las personas que buscan comprar, vender e intercambiar activos digitales. Un intercambio de criptomonedas sirve como una plataforma en línea que facilita el intercambio de criptomonedas por monedas fiduciarias u otras criptomonedas. Dado que hay tantos intercambios accesibles, cada uno con sus propias características y servicios especiales, es crucial considerar cuidadosamente sus demandas y hacer una selección de intercambios que esté en línea con sus objetivos financieros. Esta sección explorará los factores a tener en cuenta a la hora de elegir un exchange de criptomonedas, como la seguridad, las comisiones, las criptomonedas admitidas, la liquidez, la experiencia del usuario y el cumplimiento normativo.

Una de las cosas más importantes a tener en cuenta a la hora de elegir un exchange de criptomonedas es la seguridad. Dado que los exchanges retienen los fondos y la información personal de los usuarios, es crucial optar por plataformas con medidas de seguridad sólidas. Busque exchanges que implementen protocolos de seguridad estándar de la industria, como la autenticación de dos factores (2FA), el almacenamiento en frío de fondos, el cifrado y las auditorías de seguridad periódicas.

Además, considere los exchanges con un historial de operaciones sin violaciones de seguridad importantes y un enfoque transparente para abordar las vulnerabilidades de seguridad.

Otro aspecto esencial a tener en cuenta es la estructura de comisiones y los costes de negociación asociados al exchange. Los exchanges suelen cobrar comisiones por las operaciones, los depósitos y las retiradas. Es fundamental comprender la estructura de tarifas y determinar si se ajusta a su volumen de operaciones y estrategia de inversión, ya que estas tarifas pueden variar mucho entre los exchanges. Busque exchanges con tarifas competitivas que ofrezcan un programa de tarifas transparente, ya que las tarifas excesivas pueden afectar significativamente la rentabilidad de sus operaciones.

La gama de criptomonedas admitidas por un exchange es otra consideración crucial. Bitcoin y Ethereum están ampliamente disponibles en la mayoría de los intercambios, pero si está interesado en operar con criptomonedas menos convencionales, es importante elegir un intercambio que ofrezca una selección diversa. Investigue la lista de criptomonedas admitidas del exchange y asegúrese de que incluya los activos con los que pretende operar o invertir. Además, considere si el exchange agrega regularmente nuevas criptomonedas a su oferta, ya que esto puede indicar un compromiso de mantenerse actualizado con las tendencias del mercado y brindar a los usuarios una gama más amplia de opciones.

La liquidez es la facilidad con la que se puede comprar o vender una criptomoneda sin afectar significativamente su precio. Optar por un exchange con alta liquidez garantiza que pueda ejecutar operaciones rápidamente y a precios justos. Una mayor liquidez también reduce el riesgo de encontrar deslizamientos, en los que el precio ejecutado se desvía significativamente del precio esperado debido a la baja liquidez. Considere los exchanges que tienen una gran base de usuarios, un volumen de trading activo y una amplia gama de pares de trading, ya que estos factores contribuyen a mayores niveles de liquidez.

Una interfaz fácil de usar y una experiencia de usuario intuitiva son cruciales para un comercio fluido y una experiencia general positiva en un intercambio de criptomonedas. Tenga en cuenta el diseño, la navegación y la facilidad de uso de la plataforma al evaluar los intercambios. Busque exchanges que ofrezcan interfaces de trading claras e intuitivas, procesos de depósito y retiro sencillos, información completa del libro de órdenes y datos de mercado en tiempo real. Además, considere si el exchange proporciona aplicaciones móviles o interfaces web receptivas, ya que esto puede mejorar la accesibilidad y permitir operar sobre la marcha.

El cumplimiento normativo es una consideración importante a la hora de elegir un exchange de criptomonedas. Es más probable que los exchanges que operan dentro del marco legal de sus jurisdicciones ofrezcan un entorno comercial seguro y confiable. Investigue el cumplimiento del exchange con las regulaciones relevantes y su enfoque de los procedimientos de Conozca a su cliente (KYC) y contra el lavado de dinero (AML). Considere si el exchange ha obtenido las licencias necesarias y tiene un enfoque transparente para el cumplimiento normativo. Además, evalúe la reputación del exchange dentro de la comunidad de criptomonedas leyendo las reseñas de los usuarios, evaluando su historial y considerando cualquier incidente regulatorio o de seguridad pasado.

Un servicio de atención al cliente fiable es crucial en el espacio de intercambio de criptomonedas, ya que pueden surgir problemas técnicos y preocupaciones durante las actividades comerciales. Tenga en cuenta la disponibilidad y la capacidad de respuesta de los canales de atención al cliente que ofrece el exchange. Busque intercambios que brinden múltiples opciones de soporte, como chat en vivo, correo electrónico o soporte telefónico. Además, evalúe la reputación del exchange para abordar rápidamente los problemas de los clientes y

resolver las consultas. La fiabilidad también es importante, ya que un exchange con frecuentes tiempos de inactividad o problemas del sistema puede obstaculizar sus actividades comerciales y potencialmente provocar pérdidas financieras.

KYC y Medidas de Seguridad

La necesidad de implementar fuertes medidas de seguridad y procesos de Conozca a su cliente (KYC) se está volviendo cada vez más importante a medida que las criptomonedas ganan popularidad. Para prevenir el fraude, el lavado de dinero y otras acciones ilegales, las empresas deben verificar las identidades de sus clientes a través de un procedimiento conocido como KYC. En el espacio de las criptomonedas, las medidas KYC son esenciales para crear un entorno seguro y compatible que proteja a los usuarios y garantice la integridad de las

transacciones. En esta sección, exploraremos la importancia del KYC y las diversas medidas de seguridad empleadas en la industria de las criptomonedas, incluida la verificación de identidad, los protocolos contra el lavado de dinero, la privacidad de los datos y la protección del usuario.

Al utilizar plataformas, exchanges o servicios de criptomonedas, los procedimientos KYC requieren que las personas proporcionen documentos de identificación e información personal para verificar sus identidades. Estas medidas disuaden las actividades delictivas y garantizan el cumplimiento de los marcos normativos. Al implementar protocolos KYC, las empresas de criptomonedas pueden establecer un nivel de confianza y credibilidad, mitigando los riesgos asociados con el lavado de dinero, el financiamiento del terrorismo y otras
actividades ilícitas.

La verificación de identidad es un componente crítico de los procedimientos KYC. Implica verificar la autenticidad de las identidades de los usuarios mediante la solicitud de documentos específicos, como tarjetas de identificación emitidas por el gobierno, pasaportes o facturas de servicios públicos. Las plataformas e intercambios de criptomonedas requieren que los usuarios envíen estos documentos para confirmar sus identidades antes de realizar transacciones o acceder a ciertos servicios.

Los métodos avanzados de autenticación de usuarios, como la autenticación de dos factores (2FA), refuerzan la seguridad al exigir a los usuarios que proporcionen factores de verificación adicionales más allá de las contraseñas. Esto aumenta la seguridad general de la plataforma y agrega otra capa de protección contra el acceso no deseado a la cuenta.

La lucha contra la financiación del terrorismo (CFT), así como la legislación contra el blanqueo de capitales (AML), se aplican a las empresas de criptomonedas para prevenir el blanqueo de capitales y la financiación de actividades ilegales. Las políticas de lucha contra el blanqueo de capitales implican la supervisión de las transacciones, la identificación de actividades sospechosas y su denuncia a las autoridades pertinentes. Los exchanges y plataformas de criptomonedas emplean sistemas de monitoreo de transacciones y oficiales de cumplimiento para identificar y reportar cualquier transacción potencialmente sospechosa.

Las medidas de financiación del terrorismo tienen por objeto evitar que los fondos se utilicen para financiar el terrorismo o actividades ilegales. Las empresas de criptomonedas llevan a cabo la debida diligencia para garantizar que sus servicios no sean utilizados por personas o entidades asociadas con el terrorismo o actividades ilícitas. Al implementar medidas integrales de AML y CFT, las empresas de criptomonedas contribuyen a la seguridad e integridad general del sistema financiero.

La privacidad de los datos es un aspecto crucial del KYC y las medidas de seguridad en la industria de las criptomonedas. Las empresas de criptomonedas deben manejar la información personal de los usuarios de manera responsable y protegerla del acceso no autorizado, el uso indebido o el robo. Las políticas de privacidad y las técnicas de cifrado ayudan a salvaguardar los datos confidenciales de los usuarios y garantizan el cumplimiento de las regulaciones de protección de datos.

Para mejorar la privacidad, algunos proyectos de criptomonedas emplean tecnologías centradas en la privacidad, como pruebas de conocimiento cero o técnicas criptográficas, que permiten transacciones seguras y privadas. Estas tecnologías tienen como objetivo equilibrar la privacidad y el cumplimiento normativo, lo que permite a los usuarios proteger sus identidades mientras se adhieren a los requisitos de KYC.
Garantizar la protección del usuario y la seguridad de los activos es primordial en la industria de las criptomonedas.

Los exchanges y las plataformas emplean diversas medidas de seguridad para salvaguardar los fondos de los usuarios, incluidas soluciones de almacenamiento en frío, billeteras multifirma y algoritmos de cifrado robustos. El almacenamiento en frío implica almacenar criptomonedas fuera de línea, lo que las hace menos vulnerables a los intentos de piratería. Las billeteras de múltiples firmas brindan un grado adicional de seguridad contra el acceso no autorizado al requerir múltiples firmas para aprobar transacciones.

Además, los exchanges invierten en infraestructura de ciberseguridad para protegerse contra los intentos de piratería y las violaciones de datos. Las pruebas de penetración, las evaluaciones de vulnerabilidad y las auditorías de seguridad de forma periódica ayudan a identificar y abordar cualquier posible vulnerabilidad de seguridad. Al implementar estas medidas, los exchanges se esfuerzan por proteger los fondos de los usuarios y proporcionar un entorno comercial seguro.

El cumplimiento normativo es esencial en el espacio de las criptomonedas para garantizar la integridad de las transacciones y proteger a los usuarios. Las empresas de criptomonedas deben cumplir con las regulaciones y pautas establecidas por los organismos reguladores en sus jurisdicciones. El cumplimiento de las regulaciones KYC y AML fomenta un entorno seguro y ayuda a legitimar la industria de las criptomonedas a los ojos de los reguladores, las instituciones financieras y el público en general.

Los estándares de la industria también juegan un papel importante en la mejora de la seguridad en el espacio de las criptomonedas. Organizaciones como el Grupo de Acción Financiera Internacional (GAFI) y el Instituto de Transparencia Blockchain (BTI) establecen pautas y mejores prácticas para promover la seguridad, la transparencia y la confianza de la industria. Adherirse a estos estándares ayuda a fomentar un ecosistema de criptomonedas saludable y seguro.

Si bien las medidas de seguridad y los protocolos KYC son esenciales, también es crucial lograr un equilibrio con la experiencia del usuario. Los procesos KYC largos o complejos pueden disuadir a los usuarios de participar en las plataformas de criptomonedas. Para abordar esto, las empresas se esfuerzan por agilizar el proceso KYC, haciéndolo fácil de usar y eficiente sin comprometer la seguridad.

Las empresas de criptomonedas también pueden explorar soluciones de identidad descentralizadas y marcos de identidad autosoberanos, donde los usuarios controlan sus identidades y datos personales. Estas tecnologías tienen como objetivo proporcionar una alternativa segura y que mejore la privacidad a los procesos tradicionales de KYC centralizados, garantizando una mejor experiencia de usuario al tiempo que se mantienen sólidas medidas de seguridad.

Tipos de órdenes de Criptomonedas

El comercio de criptomonedas ha ganado una tracción significativa en los últimos años, con una multitud de inversores y comerciantes que participan en el mercado de activos digitales. Para navegar con éxito por este mercado dinámico, es esencial comprender los distintos tipos de órdenes de criptomonedas disponibles. Una orden de criptomoneda es una instrucción dada por un comerciante a un intercambio de criptomonedas, especificando los parámetros comerciales deseados. En esta sección, exploraremos los diferentes tipos de órdenes de criptomonedas, incluidas las órdenes de mercado, las órdenes limitadas, las órdenes de detención y más. Comprender estos tipos de órdenes permitirá a los operadores ejecutar operaciones de manera eficiente y efectiva.

Una orden de mercado es el tipo más simple y común de orden de criptomoneda. Con una orden de mercado, un comerciante instruye al exchange para que compre o venda una cantidad específica de criptomonedas al mejor precio disponible en el mercado. Las órdenes de mercado priorizan la velocidad de ejecución sobre el precio, con el objetivo de completar la orden lo más rápido posible. Las órdenes de mercado son beneficiosas en mercados de alta liquidez cuando la ejecución inmediata es esencial.

El precio al que un trader está dispuesto a comprar o vender una criptomoneda se puede especificar mediante órdenes limitadas. A diferencia de las órdenes de mercado, las órdenes limitadas priorizan el precio sobre la velocidad de ejecución. Al colocar una orden limitada de compra, el operador establece un precio máximo que está dispuesto a pagar, y la orden solo se ejecutará si el mercado alcanza o cae por debajo de ese precio. Por el contrario, al colocar una orden limitada de venta, el operador especifica un precio mínimo que está dispuesto a aceptar, y la orden solo se ejecutará si el mercado alcanza o supera ese precio.

Las órdenes limitadas proporcionan control sobre la ejecución de las operaciones y pueden ser beneficiosas en mercados volátiles o cuando los operadores tienen objetivos de precios específicos en mente. Sin embargo, no hay garantía de que la orden limitada se ejecute, ya que es posible que el mercado no alcance el precio especificado.

Las órdenes stop, también conocidas como órdenes stop-loss u órdenes stop-limit, están diseñadas para limitar las pérdidas potenciales o proteger las ganancias. Una orden stop se convierte en una orden de mercado cuando se alcanza el precio de activación especificado. Hay dos tipos de órdenes stop:

Una orden de stop-loss se coloca por debajo del precio de mercado actual para las órdenes de venta o por encima del precio de mercado actual para las órdenes de compra. Supongamos que el mercado alcanza o cae por debajo del precio de activación especificado. En ese caso, se ejecuta una orden de mercado, lo que permite a los operadores limitar las pérdidas potenciales vendiendo automáticamente sus tenencias o ingresando una orden de compra para cerrar una posición corta.

Una orden stop-limit es similar a una orden stop-loss pero con un precio límite añadido. Cuando se alcanza el precio de activación, se coloca una orden limitada en lugar de una orden de mercado. La orden limitada especifica el precio deseado al que el operador quiere comprar o vender la criptomoneda. Las órdenes stop-limit proporcionan un control adicional sobre el precio de ejecución, pero es posible que no se completen si el mercado se mueve rápidamente o se producen huecos.

Las órdenes stop son valiosas herramientas de gestión de riesgos y pueden ayudar a los traders a proteger sus inversiones durante las caídas del mercado o los períodos de volatilidad.
Las órdenes de trailing stop son órdenes dinámicas que permiten a los traders establecer un precio de trailing stop que sigue los movimientos del mercado. Las órdenes trailing stop se utilizan normalmente para proteger las ganancias en un mercado con tendencia alcista o limitar

las pérdidas en un mercado con tendencia bajista. El precio del trailing stop se ajusta a medida que el precio de mercado cambia a favor del trader.

Por ejemplo, si un trader establece una orden de trailing stop con un porcentaje de trailing del 5%, el precio de stop se situará un 5% por debajo del precio más alto alcanzado desde que se colocó la orden. Si el precio de mercado retrocede un 5% desde su punto más alto, se activará la orden trailing stop y se ejecutará una orden de mercado.

Las órdenes de trailing stop permiten a los traders asegurar las ganancias sin dejar de participar en el potencial alcista del mercado. Sin embargo, es importante tener en cuenta que, debido a la volatilidad del mercado, las órdenes de trailing stop no siempre garantizan la ejecución al precio exacto de trailing stop.

Las órdenes de ejecución o eliminación (FOK) están diseñadas para garantizar la ejecución inmediata y completa de una operación o cancelar la orden por completo. Con una orden FOK, si la cantidad especificada no se puede completar inmediatamente en su totalidad, la orden se cancela y no se lleva a cabo ninguna ejecución parcial. Las órdenes FOK son beneficiosas cuando los operadores desean ejecutar operaciones de manera rápida y eficiente, sin ejecuciones parciales ni órdenes abiertas persistentes.

Las órdenes inmediatas o de cancelación (IOC) son similares a las órdenes FOK, pero permiten la ejecución parcial si la orden completa no se puede completar de inmediato. Si una parte de una orden del COI se puede completar inmediatamente, esa parte se ejecuta, mientras que cualquier parte no completada se cancela. Las órdenes IOC son útiles cuando los traders quieren maximizar las posibilidades de ejecución inmediata y estar dispuestos a aceptar ejecuciones parciales.

Las órdenes válidas hasta que se cancelen (GTC) permanecen activas hasta que el operador las cancela manualmente o hasta que se ejecutan. Los pedidos de GTC no tienen fecha de caducidad y permanecen en el libro de pedidos hasta que se completan o cancelan. Las órdenes GTC son adecuadas para los operadores que desean colocar órdenes a largo plazo o aprovechar niveles de precios específicos que pueden no ser alcanzables de inmediato.

CAPÍTULO III

Análisis Fundamental para el Trading de Criptomonedas

Introducción al Análisis Fundamental

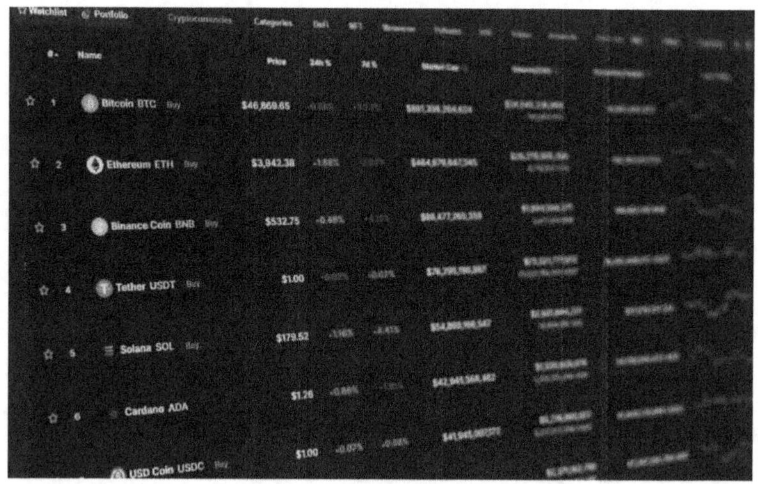

El análisis fundamental es una metodología fundamental en los mercados financieros para evaluar las inversiones, incluidas las criptomonedas. Implica evaluar el valor intrínseco de un activo mediante el análisis de sus factores subyacentes, como el rendimiento financiero, las tendencias de la industria y la dinámica del mercado. En el mundo de las criptomonedas, donde prevalecen la volatilidad y la especulación, el análisis fundamental proporciona un enfoque sistemático para comprender la viabilidad a largo plazo y el crecimiento potencial de los activos digitales. Esta sección explorará los fundamentos del análisis fundamental, sus componentes clave y su relevancia en la evaluación de las inversiones en criptomonedas.

Una forma de evaluar una inversión basada en el valor intrínseco de un activo es el análisis fundamental. Analiza los factores fundamentales que influyen en el valor del activo a lo largo del tiempo. En el contexto de las criptomonedas, el análisis fundamental implica evaluar varios aspectos, incluida la tecnología detrás de la criptomoneda, el equipo detrás del proyecto, la utilidad y la adopción de la criptomoneda, los factores regulatorios y legales, y la demanda del mercado.

A diferencia del análisis técnico, que se basa en patrones históricos de precios y datos de mercado, el análisis fundamental tiene como objetivo comprender los impulsores de valor subyacentes de un activo. Al examinar estos factores, los inversores pueden tomar decisiones informadas basadas en el valor potencial a largo plazo y las perspectivas de crecimiento de una criptomoneda.

Uno de los componentes clave del análisis fundamental es evaluar la tecnología detrás de la criptomoneda y el equipo detrás del proyecto. Esto incluye comprender la infraestructura de la cadena de bloques, los mecanismos de consenso, la escalabilidad, las características de seguridad y el potencial de innovación. Además, evaluar la experiencia, los conocimientos y el compromiso del equipo de desarrollo con el proyecto es vital, ya que puede influir en la ejecución exitosa y el desarrollo futuro de la criptomoneda.

Otro componente crucial es analizar la demanda del mercado y la adopción de una criptomoneda. Los factores a considerar incluyen la adopción por parte de los usuarios, los efectos de red, las asociaciones con actores de la industria y la integración con los sistemas financieros existentes. Evaluar la utilidad de la criptomoneda y su capacidad para resolver problemas del mundo real puede proporcionar información sobre sus perspectivas a largo plazo.

El rendimiento financiero y los factores económicos también desempeñan un papel importante en el análisis fundamental. Esto implica evaluar los flujos de ingresos, las fuentes de financiación y la rentabilidad del proyecto de criptomoneda. Comprender factores económicos como la inflación, las tasas de interés y las tendencias macroeconómicas también puede afectar la valoración de las criptomonedas, ya que pueden influir en el sentimiento de los inversores y en la dinámica general del mercado.

Además, es esencial analizar el panorama regulatorio y legal que rodea a las criptomonedas. Esto incluye evaluar el marco regulatorio, las políticas gubernamentales y los riesgos legales asociados con las criptomonedas. El cumplimiento de las regulaciones contra el lavado de dinero y de conocimiento del cliente, las regulaciones de seguridad y las políticas fiscales pueden afectar la adopción de la criptomoneda y el sentimiento general del mercado.

Los inversores confían en diversas fuentes de datos y métodos de investigación para realizar análisis fundamentales. Estos incluyen el examen del documento técnico, la documentación técnica y las actualizaciones del proyecto de la criptomoneda para obtener información sobre su tecnología subyacente, casos de uso y hoja de ruta de desarrollo. El análisis de los estados financieros y las divulgaciones, como los informes auditados y las divulgaciones financieras proporcionadas por el proyecto de criptomonedas, ayuda a evaluar su salud financiera, sus fuentes de ingresos y su potencial de crecimiento.

La investigación de mercado y el análisis de la industria proporcionan información valiosa sobre las tendencias del mercado, la competencia y los posibles riesgos y oportunidades dentro del sector de las criptomonedas. Mantenerse actualizado con noticias relevantes, cobertura de medios y publicaciones de la industria también ayuda a los inversores a comprender el sentimiento más amplio del mercado, los desarrollos regulatorios y los eventos significativos que pueden afectar el valor de la criptomoneda.

Si bien el análisis fundamental es una herramienta valiosa para evaluar las inversiones, también enfrenta algunas limitaciones y desafíos en el mercado de criptomonedas. Las criptomonedas son activos relativamente nuevos y los datos históricos pueden ser limitados, lo que dificulta la evaluación del rendimiento y la fiabilidad a largo plazo de un proyecto de criptodivisas. El mercado de las criptomonedas es conocido por su alta volatilidad y su naturaleza especulativa, en la que factores más allá del análisis fundamental, como el sentimiento del mercado y el comportamiento de los inversores, pueden influir en los movimientos de los precios.

La naturaleza descentralizada y seudónima de las criptomonedas puede dificultar la obtención de información completa y precisa sobre los proyectos, lo que plantea desafíos para evaluar la credibilidad y confiabilidad de los equipos de criptomonedas y sus afirmaciones. Además, el cambiante panorama regulatorio que rodea a las criptomonedas introduce incertidumbre y riesgos potenciales, lo que dificulta la predicción de resultados a largo plazo.

Para superar las limitaciones del análisis fundamental en el mercado de criptomonedas, muchos inversores emplean un enfoque multidimensional que combina el análisis fundamental con otras metodologías. Esto incluye la incorporación de análisis técnico, análisis de sentimiento y análisis de tendencias de mercado para obtener una comprensión integral del mercado de criptomonedas.

El análisis técnico examina los patrones históricos de precios, los patrones de gráficos y los indicadores comerciales para identificar posibles puntos de entrada y salida para las operaciones. El análisis de sentimiento implica evaluar el sentimiento del mercado y el sentimiento de las redes sociales para medir el estado de ánimo colectivo y la percepción de la comunidad de criptomonedas. El análisis de tendencias del mercado identifica las tendencias más amplias del mercado y los patrones cíclicos para tomar decisiones de inversión informadas.

Al integrar diferentes enfoques analíticos, los inversores pueden complementar el análisis fundamental y tomar decisiones de inversión más completas en el mercado de criptomonedas dinámico y en rápida evolución.

Evaluación de los Fundamentos del Proyecto

Evaluar los fundamentos de un proyecto de criptomoneda es un paso fundamental para tomar decisiones de inversión informadas. Los fundamentos del proyecto se refieren a los factores subyacentes que impulsan el valor de una criptomoneda y las perspectivas a largo plazo. Estos factores incluyen la tecnología, el equipo, la hoja de ruta, la comunidad, las asociaciones, los casos de uso y la demanda del mercado. Al realizar un análisis exhaustivo de los fundamentos del proyecto, los inversores pueden obtener información valiosa sobre el crecimiento potencial y la viabilidad de una criptomoneda. Esta sección explorará los componentes clave de la evaluación de los fundamentos del proyecto y discutirá su importancia en la evaluación de las inversiones en criptomonedas.

La tecnología detrás de un proyecto de criptomoneda es un aspecto crucial a evaluar. Esto incluye la infraestructura subyacente de la cadena de bloques, los mecanismos de consenso, las soluciones de escalabilidad y las características de seguridad. Evaluar la solidez tecnológica y el potencial de innovación de un proyecto ayuda a determinar su capacidad para resolver problemas del mundo real, manejar volúmenes de transacciones y adaptarse a las demandas futuras. Además, es esencial evaluar el compromiso del proyecto con la investigación y el desarrollo continuos, ya que la mejora continua y la innovación son impulsores clave del éxito a largo plazo en el dinámico ecosistema de las criptomonedas.

La competencia y la experiencia del equipo de desarrollo y el liderazgo del proyecto tienen un impacto significativo en el éxito de un proyecto de criptomonedas. Evaluar la experiencia, el historial y la capacidad del equipo para ejecutar la visión del proyecto es crucial. Investigar los antecedentes, las calificaciones y la participación de los miembros del equipo en la comunidad de criptomonedas puede proporcionar información sobre sus capacidades y dedicación al proyecto. Además, comprender la estructura de gobernanza y los procesos de toma de decisiones del proyecto ayuda a evaluar el nivel de transparencia y rendición de cuentas del equipo.
Una hoja de ruta bien definida es un indicador importante del compromiso de un proyecto de criptomonedas con su

visión y objetivos. La evaluación de la hoja de ruta ayuda a determinar el progreso del proyecto, el cronograma de los hitos clave y la alineación con las tendencias más amplias del mercado. El análisis de la consecución de hitos pasados y la claridad de los objetivos futuros proporciona información sobre las capacidades de ejecución del proyecto y su capacidad para cumplir sus promesas.

La fuerza y el compromiso de la comunidad de un proyecto de criptomonedas juegan un papel importante en su éxito. Evaluar el tamaño, el nivel de actividad y el entusiasmo de la comunidad puede proporcionar información sobre el potencial del proyecto para una adopción generalizada. Monitorear los foros de la comunidad, los canales de redes sociales y las comunidades de desarrolladores ayuda a medir el sentimiento, la participación y el apoyo general del proyecto. Además, la evaluación de las asociaciones del proyecto con otros actores de la industria y su integración en los sistemas o plataformas existentes puede indicar aún más su potencial de adopción.

Comprender los casos de uso prácticos y la demanda del mercado de una criptomoneda es esencial. La evaluación de las aplicaciones e industrias del mundo real que pueden beneficiarse de la tecnología del proyecto ayuda a evaluar su potencial de adopción generalizada. La investigación del mercado objetivo, la competencia y las oportunidades potenciales de crecimiento proporciona información sobre la demanda del mercado y las ventajas competitivas del proyecto. Evaluar la escalabilidad de las soluciones del proyecto y su capacidad para abordar las ineficiencias o los puntos débiles existentes en el mercado es crucial para determinar la viabilidad a largo plazo y la propuesta de valor de la criptomoneda.

El cumplimiento de los marcos regulatorios y las consideraciones legales es un factor vital a evaluar en un proyecto de criptomonedas. Analizar el cumplimiento del proyecto de las regulaciones contra el lavado de dinero (AML) y de conocimiento del cliente (KYC) ayuda a garantizar su cumplimiento con los requisitos legales y su capacidad para operar dentro de los sistemas financieros establecidos. Comprender el enfoque del proyecto con respecto a la privacidad de los datos, las normas de seguridad y la protección de la propiedad intelectual también es esencial para evaluar su perfil de riesgo y su sostenibilidad a largo plazo.

Evaluar los aspectos financieros de un proyecto de criptomoneda es crucial para evaluar su viabilidad y sostenibilidad a largo plazo. El análisis de las fuentes de financiación del proyecto, las estrategias de generación de ingresos y las divulgaciones financieras proporciona información sobre su salud financiera y su capacidad para financiar el desarrollo continuo. Además, la evaluación de la tokenómica del proyecto, el modelo de distribución de tokens y el potencial de acumulación de valor ayuda a determinar los incentivos para los poseedores de tokens y la sostenibilidad económica general del proyecto.

Llevar a cabo una evaluación integral de riesgos es una parte vital de la evaluación de los fundamentos del proyecto. Identificar y comprender los riesgos potenciales asociados con un proyecto de criptomoneda permite a los inversores tomar decisiones informadas. Los riesgos pueden incluir vulnerabilidades tecnológicas, incertidumbres regulatorias, competencia en el mercado, problemas de gobernanza y posibles violaciones de seguridad. La evaluación de las estrategias de gestión de riesgos, los planes de contingencia y la capacidad del proyecto para adaptarse a las condiciones cambiantes del mercado proporciona información sobre la resiliencia del proyecto y su capacidad para sortear los desafíos.

Evaluación de la Adopción del Mercado y las Asociaciones

La adopción del mercado y las asociaciones estratégicas son factores críticos para determinar el éxito y la viabilidad a largo plazo de las criptomonedas. La adopción del mercado se refiere a la aceptación y utilización de una criptomoneda por parte de individuos, empresas y el ecosistema de mercado en general. Las asociaciones implican colaboraciones entre) proyectos de criptomonedas y otros actores de la industria, como empresas, instituciones financieras y proveedores de tecnología. La evaluación de la adopción del mercado y las asociaciones proporciona información valiosa sobre el potencial de crecimiento, la utilidad y las oportunidades de integración de una criptomoneda. Esta sección explorará la importancia de la adopción del mercado y las asociaciones en la industria de las criptomonedas y discutirá los indicadores clave para evaluar su impacto en el éxito de una criptomoneda.

La adopción del mercado es un factor vital para determinar el éxito de una criptomoneda. La evaluación de la base de usuarios y la tasa de adopción proporciona información sobre la utilidad, la demanda y el potencial de crecimiento de la criptomoneda. La evaluación del crecimiento de los usuarios, el volumen de transacciones, la aceptación de los comerciantes y el alcance geográfico son indicadores clave para evaluar la adopción del mercado. Monitorear la tasa de crecimiento de usuarios activos, billeteras o direcciones asociadas con una criptomoneda ayuda a medir su popularidad y aumentar la aceptación. El análisis del volumen de transacciones en la red blockchain proporciona información sobre el nivel de actividad y la utilización de la criptomoneda. La evaluación del número de comerciantes y empresas que aceptan criptomonedas como forma de pago demuestra su uso práctico en las transacciones cotidianas. Evaluar la distribución geográfica de los usuarios y las tasas de adopción ayuda a evaluar el alcance global de la criptomoneda y su potencial de expansión.

La presencia de casos de uso en el mundo real indica claramente el valor y el potencial de adopción de una criptomoneda. La evaluación de las aplicaciones prácticas y las industrias que se benefician de la criptomoneda proporciona información sobre su utilidad y relevancia. Las consideraciones clave son evaluar la adopción de la industria, las ganancias de eficiencia y las aplicaciones descentralizadas (dApps) construidas sobre la plataforma blockchain de la criptomoneda. Identificar industrias o sectores que han adoptado la criptomoneda y la están utilizando activamente en sus operaciones demuestra su practicidad y potencial de integración. Evaluar cómo la criptomoneda agiliza los procesos, reduce los costos o mejora la eficiencia dentro de industrias específicas destaca su propuesta de valor y su potencial para una adopción generalizada. El análisis de la cantidad y la calidad de las dApps construidas en la plataforma blockchain de la criptomoneda indica la vitalidad y la capacidad de su ecosistema para admitir aplicaciones descentralizadas.

Las asociaciones estratégicas desempeñan un papel crucial en la expansión del alcance y la utilidad de una criptomoneda. La evaluación de las asociaciones proporciona información sobre las oportunidades de integración, el apoyo de la industria y la credibilidad del proyecto. La evaluación de las colaboraciones de la industria, los listados en bolsas y las asociaciones tecnológicas son consideraciones clave. Las asociaciones con empresas establecidas, instituciones financieras o proveedores de tecnología demuestran el reconocimiento y la validación de la industria. Las colaboraciones que permiten casos de uso del mundo real o aportan recursos adicionales al proyecto mejoran su potencial de crecimiento. Cotizar en exchanges de criptomonedas de buena reputación mejora la liquidez y la accesibilidad para los inversores. Evaluar el número y la calidad de los exchanges en los que cotiza la criptomoneda ayuda a evaluar su presencia en el mercado. Las colaboraciones con empresas de tecnología o plataformas blockchain pueden mejorar la funcionalidad, la escalabilidad o la seguridad de la criptomoneda. Las asociaciones que aprovechan las fortalezas complementarias pueden impulsar la innovación y mejorar la ventaja competitiva del proyecto.

Adherirse a los marcos regulatorios y los estándares de cumplimiento es crucial para que las criptomonedas obtengan una mayor aceptación. La evaluación del cumplimiento normativo de una criptomoneda proporciona información sobre su sostenibilidad a largo plazo y las posibles barreras para su adopción. Las consideraciones clave incluyen la evaluación del cumplimiento de las regulaciones contra el lavado de dinero (AML) y el conocimiento del cliente (KYC), las aprobaciones regulatorias y la claridad legal. El cumplimiento de las regulaciones AML y KYC demuestra el compromiso del proyecto con los requisitos legales y reglamentarios. Cualquier aprobación o licencia obtenida de las autoridades reguladoras u organismos gubernamentales indica el cumplimiento de las regulaciones locales y facilita la entrada y aceptación en el mercado. Comprender el estado legal de las criptomonedas en diferentes jurisdicciones ayuda a identificar riesgos potenciales e incertidumbres legales que podrían afectar la adopción y el sentimiento del mercado.

Una comunidad fuerte y comprometida puede tener un impacto significativo en el éxito y la adopción de una criptomoneda. La evaluación de la participación de la comunidad proporciona información sobre la lealtad de los usuarios, el apoyo y la capacidad del proyecto para fomentar la colaboración. Los indicadores clave incluyen la evaluación de la presencia en las redes sociales, la comunidad de desarrolladores, la gobernanza y los mecanismos de votación, y las iniciativas comunitarias. Analizar el tamaño y el nivel de actividad de los canales de redes sociales, foros y plataformas comunitarias de la criptomoneda ayuda a medir el compromiso y el sentimiento de la comunidad. El tamaño y la participación de la comunidad de desarrolladores de la criptomoneda indican el nivel de innovación, el apoyo y el potencial de crecimiento del ecosistema. La evaluación de la participación de la comunidad en las decisiones de gobernanza y la transparencia de los mecanismos de votación pone de relieve la descentralización y el empoderamiento de la comunidad dentro del proyecto. Las iniciativas, eventos y colaboraciones impulsados por la comunidad demuestran la capacidad del proyecto para fomentar el compromiso y generar apoyo de base.

La accesibilidad y la experiencia del usuario de una criptomoneda tienen un impacto significativo en su adopción. La evaluación de la interfaz de usuario, las soluciones de billetera y la experiencia general del usuario ayuda a determinar su atractivo para un público más amplio. La evaluación de las soluciones de billetera, las interfaces fáciles de usar y la escalabilidad son consideraciones clave. La disponibilidad y funcionalidad de las soluciones de billetera fáciles de usar simplifican el proceso de incorporación y mejoran la comodidad del usuario. Las interfaces intuitivas y los procesos sencillos facilitan a los usuarios la interacción con la criptomoneda, lo que aumenta la adopción entre los usuarios no técnicos. Evaluar la capacidad de la criptomoneda para manejar muchas transacciones de manera eficiente garantiza una experiencia de usuario fluida y evita la congestión en la red.

Noticias y Eventos que Afectan los Precios de las Criptomonedas

Las noticias y los eventos tienen un profundo impacto en el mercado de las criptomonedas, a menudo causando fluctuaciones significativas en los precios. Los inversores y los operadores siguen de cerca los últimos acontecimientos, ya que las noticias sobre los cambios normativos, los avances tecnológicos, la adopción por parte de las principales empresas, las violaciones de seguridad y los indicadores económicos pueden dar forma al sentimiento de los inversores e influir en la dinámica del mercado. Comprender la relación entre las noticias y los eventos y su impacto en los precios de las criptomonedas es crucial para tomar decisiones de inversión informadas. En esta sección, exploraremos los diversos tipos de noticias y eventos que pueden afectar los precios de las criptomonedas, analizaremos su importancia y discutiremos estrategias para navegar por este panorama dinámico.

Las noticias y desarrollos regulatorios pueden tener un impacto sustancial en los precios de las criptomonedas. Cuando los gobiernos introducen nuevas regulaciones, políticas o emiten declaraciones con respecto a las criptomonedas, crean incertidumbre dentro del mercado. Las noticias de un país que implementa regulaciones estrictas o prohibiciones absolutas de actividades relacionadas con las criptomonedas a menudo conducen a una disminución de los precios, ya que los inversores se vuelven aprensivos sobre el futuro de la clase de activos. Por el contrario, los desarrollos regulatorios positivos, como el reconocimiento de las criptomonedas como moneda de curso legal o la introducción de regulaciones favorables, pueden impulsar los precios e infundir confianza entre los inversores.

Los avances tecnológicos y las innovaciones dentro de la industria de las criptomonedas pueden afectar significativamente los precios. Las noticias sobre actualizaciones de protocolos de blockchain existentes, desarrollo de soluciones escalables o lanzamiento de nuevas funciones pueden generar un sentimiento positivo e impulsar precios más altos. Los inversores a menudo ven estos avances como signos de progreso y mayor utilidad, lo que lleva a una mayor demanda de criptomonedas. Además, los anuncios sobre asociaciones entre proyectos de blockchain y empresas de tecnología pueden crear un rumor positivo en el mercado, señalando posibles oportunidades de integración e impulsando los precios al alza.

Las noticias de que las principales empresas integran criptomonedas en sus operaciones o las aceptan como forma de pago pueden afectar profundamente los precios de las criptomonedas. Estos anuncios validan la utilidad de las criptomonedas y su aceptación general, atrayendo a más inversores a esta clase de activos. Cuando los minoristas o las instituciones financieras conocidas declaran su intención de aceptar criptomonedas, se genera un sentimiento positivo y aumenta la demanda. El aumento de la adopción y la integración por parte de las principales empresas son fuertes indicadores de la aceptación de las criptomonedas y del potencial crecimiento futuro.

Las brechas de seguridad y los incidentes de piratería dentro del ecosistema de las criptomonedas pueden tener un efecto perjudicial en los precios. La noticia de un hackeo significativo en un exchange o una vulnerabilidad en una billetera de criptomonedas popular erosiona la confianza de los inversores y conduce a una fuerte caída de precios. Estos eventos a menudo llevan a los inversores a vender sus tenencias, por temor a mayores riesgos de seguridad. La publicidad negativa que rodea a las brechas de seguridad pone de manifiesto las vulnerabilidades del ecosistema de las criptomonedas y crea una sensación de incertidumbre entre los participantes del mercado. Por el contrario, las noticias sobre la mejora de las medidas de seguridad o la mitigación exitosa de un incidente de seguridad pueden restaurar la confianza y estabilizar los precios.

Las noticias y los eventos relacionados con los indicadores económicos, el sentimiento del mercado y las tendencias financieras más amplias pueden afectar los precios de las criptomonedas. Por ejemplo, las noticias de una recesión económica mundial o las tensiones geopolíticas pueden llevar a los inversores hacia activos de refugio seguro como las criptomonedas, aumentando la demanda y haciendo subir los precios. El sentimiento positivo del mercado hacia los activos digitales, la adopción por parte de los inversores institucionales o las noticias de desarrollos regulatorios favorables pueden alimentar el interés de compra y dar lugar a una apreciación del precio. Por el contrario, las noticias negativas sobre los mercados financieros en general o una disminución de la confianza de los inversores pueden disminuir los precios de las criptomonedas.

Los inversores deben adoptar enfoques estratégicos para navegar por el impacto de las noticias y los eventos en los precios de las criptomonedas. Las estrategias clave incluyen:

Es crucial mantenerse informado y utilizar fuentes de información confiables. Los medios de comunicación confiables, los anuncios oficiales de proyectos y las publicaciones acreditadas de la industria pueden proporcionar información precisa y oportuna para tomar decisiones informadas.

Comprender el sentimiento del mercado es crucial a la hora de evaluar el impacto de las noticias en los precios de las criptomonedas. El seguimiento de las discusiones en las redes sociales, las herramientas de análisis de sentimiento y los indicadores de sentimiento del mercado pueden proporcionar información sobre el estado de ánimo colectivo de los inversores y los traders.

Algunas noticias y eventos tienen efectos a corto plazo en los precios de las criptomonedas, mientras que otros pueden dar forma a tendencias a largo plazo. Es importante diferenciar entre las fluctuaciones temporales de precios impulsadas por noticias a corto plazo y los cambios fundamentales que pueden afectar el valor de la criptomoneda durante un período prolongado.

La diversificación es una estrategia clave para gestionar el impacto de las noticias y los eventos en los precios de las criptomonedas. Al distribuir las inversiones entre diferentes criptomonedas y clases de activos, los inversores pueden mitigar el riesgo asociado con la volatilidad de los precios impulsada por noticias o eventos específicos.

El análisis fundamental, que implica evaluar el valor subyacente y las perspectivas a largo plazo de una criptomoneda, puede ayudar a los inversores a tomar decisiones informadas más allá de los movimientos de precios impulsados por noticias a corto plazo. Al evaluar la tecnología, el equipo, la adopción y la demanda del mercado, los inversores pueden identificar criptomonedas con fundamentos sólidos que tienen más probabilidades de resistir las fluctuaciones del mercado.

CAPÍTULO IV

Análisis Técnico para el Trading de Criptomonedas

Introducción al Análisis Técnico

El análisis técnico es un enfoque ampliamente utilizado en los mercados financieros, incluidas las criptomonedas, para analizar las tendencias de los precios, identificar patrones y tomar decisiones de inversión informadas. Implica el estudio de los datos históricos del mercado, principalmente el precio y el volumen, para predecir los movimientos futuros de los precios. Al examinar gráficos, patrones e indicadores, los analistas técnicos tienen como objetivo obtener información sobre la psicología del mercado e identificar oportunidades potenciales para comprar o vender criptomonedas. Esta sección explorará los fundamentos del análisis técnico, sus conceptos clave y la importancia de utilizar este enfoque en el mercado de criptomonedas.

El análisis técnico se basa en tres principios básicos: el mercado lo descuenta todo, los precios se mueven en las tendencias y la historia tiende a repetirse. La suposición subyacente es que toda la información relevante que afecta el precio de una criptomoneda ya se refleja en sus movimientos históricos de precios. Los analistas técnicos interpretan estos patrones históricos de precios para predecir los movimientos futuros de los precios. Creen que los mercados se mueven siguiendo tendencias y, al identificar estas tendencias, pueden tomar mejores decisiones de inversión.

Las herramientas y los patrones de gráficos son fundamentales para el análisis técnico. Numerosos tipos de gráficos ofrecen representaciones visuales de las fluctuaciones de precios durante un período específico, incluidos gráficos de líneas, gráficos de barras y gráficos de velas. Las líneas de tendencia, los niveles de soporte y resistencia y las formaciones de gráficos son ejemplos de patrones que ayudan a los analistas a identificar futuras reversiones o continuaciones de precios. Por ejemplo, un patrón de cabeza y hombros puede indicar un posible cambio de tendencia, mientras que un patrón de triángulo puede sugerir una fase de consolidación antes de una ruptura significativa.

El análisis de tendencias es un aspecto crucial del análisis técnico. Las tendencias representan la dirección general en la que se mueve el precio de una criptomoneda durante un período específico. Los analistas técnicos identifican tres tipos de tendencias: tendencias alcistas, tendencias bajistas y tendencias laterales. Las tendencias alcistas se producen cuando los precios forman máximos y mínimos más altos, lo que indica un mercado alcista. Las tendencias bajistas se producen cuando los precios forman máximos y mínimos más bajos, lo que indica un mercado bajista. Las tendencias laterales ocurren cuando los precios se mueven dentro de un rango, lo que indica la falta de una tendencia clara.

Los indicadores técnicos son cálculos matemáticos aplicados a los datos de precios y volúmenes para generar información adicional sobre las tendencias del mercado y las posibles reversiones. Estos indicadores ayudan a los traders e inversores a confirmar su análisis o identificar posibles puntos de entrada y salida. Las medias móviles, el índice de fuerza relativa (RSI), los osciladores estocásticos, así como el MACD (divergencia de convergencia de medias móviles) son indicadores técnicos comunes utilizados en el comercio de criptomonedas. Cada indicador proporciona información única sobre la fuerza de una tendencia, las condiciones de sobrecompra o sobreventa y las posibles reversiones del mercado.

Los niveles de soporte y resistencia son conceptos importantes en el análisis técnico. El soporte se refiere a un nivel de precios en el que se espera que la presión de compra supere la presión de venta, evitando que los precios sigan cayendo. Por otro lado, la resistencia se refiere a un nivel de precios en el que se espera que la presión de venta supere la presión de compra, evitando que los precios sigan subiendo. Estos niveles se identifican mediante el análisis de los movimientos históricos de los precios y se consideran áreas clave en las que pueden producirse reversiones o rupturas de precios.

El análisis de volumen juega un papel crucial en el análisis técnico. El volumen representa el número de acciones o unidades de una criptomoneda negociadas en un período determinado. El análisis del volumen ayuda a los traders e inversores a comprender la fuerza y la confirmación de los movimientos de precios. El aumento del volumen durante una tendencia alcista sugiere una presión de compra más fuerte, mientras que el aumento del volumen durante una tendencia bajista indica una presión de venta más fuerte. La divergencia entre el precio y el volumen
también puede proporcionar información valiosa sobre posibles reversiones del mercado.

El análisis técnico se puede aplicar a diferentes marcos temporales, que van desde el comercio intradía hasta la inversión a largo plazo. Dependiendo de sus marcos temporales preferidos y de su tolerancia al riesgo, los traders e inversores emplean diferentes técnicas de trading, como el scalping, el day trading, el swing trading y el trading de posición. Los plazos más cortos a menudo se asocian con operaciones más frecuentes y se centran en movimientos de precios más pequeños, mientras que los marcos temporales más largos consideran tendencias de mercado más amplias y apuntan a objetivos de precios más grandes.
Si bien el análisis técnico ha ganado popularidad, tiene limitaciones y críticas. Los críticos argumentan que el análisis técnico es subjetivo y propenso al sesgo, ya que diferentes analistas pueden interpretar el mismo gráfico de manera diferente. También destacan el fenómeno de la "profecía autocumplida", en el que la adopción generalizada de ciertos patrones o indicadores técnicos conduce a su propia eficacia. Además, el análisis técnico no tiene en cuenta factores fundamentales como las noticias del mercado, las finanzas de la empresa o los

indicadores económicos más amplios, que también pueden influir en los precios de las criptomonedas.

Para tomar decisiones de inversión completas, suele ser beneficioso integrar el análisis técnico con otros enfoques, como el análisis fundamental y el análisis del sentimiento del mercado. El valor intrínseco de una criptomoneda se determina realizando un análisis fundamental de su tecnología, equipo, adopción y demanda del mercado. El análisis del sentimiento del mercado evalúa el estado de ánimo y la percepción general de los inversores, lo que puede afectar a los movimientos de precios a corto plazo. Al combinar estos enfoques, los comerciantes e inversores pueden comprender de manera integral el mercado de criptomonedas y tomar decisiones más informadas.

Indicadores Técnicos y Osciladores Comunes

El análisis técnico se basa en varias herramientas e indicadores para obtener información sobre las tendencias del mercado, el impulso y las posibles oportunidades comerciales. Estos indicadores ayudan a los traders e inversores a tomar decisiones informadas basadas en datos históricos de precios y volúmenes. Esta sección explorará algunos de los indicadores técnicos y osciladores más comunes utilizados en los mercados financieros, incluido el mercado de criptomonedas. Al comprender estos indicadores y sus interpretaciones, los participantes del mercado pueden mejorar sus estrategias comerciales y navegar por el panorama dinámico de los mercados financieros de manera más efectiva.

Las medias móviles se utilizan con frecuencia para determinar la dirección de una tendencia y suavizar las oscilaciones de precios. Una media móvil calcula el precio medio durante un periodo específico y se actualiza con cada nuevo punto de datos. Las medias móviles simples (SMA) y las medias móviles exponenciales (EMA) son dos formas de medias móviles que los traders emplean con frecuencia. Las SMA asignan el mismo peso a todos los puntos de datos, mientras que las EMA dan más peso a los precios recientes, lo que las hace más receptivas a los cambios a corto plazo. Las medias móviles pueden indicar cambios de tendencia cuando las medias móviles a corto plazo cruzan por encima o por debajo de las medias móviles a largo plazo.

Los osciladores populares como el Índice de Fuerza Relativa (RSI) examinan el tamaño y la velocidad de las fluctuaciones recientes de precios para determinar si un activo está sobrecomprado o sobrevendido. El rango del RSI es de 0 a 100, con lecturas por encima de 70 que denotan situaciones de sobrecompra y por debajo de 30 que denotan situaciones de sobreventa. Los traders utilizan el RSI para identificar posibles cambios de tendencia o confirmar la fuerza de una tendencia existente. La divergencia entre el precio y el RSI también puede proporcionar información sobre el impulso del mercado y las posibles reversiones.

Un indicador versátil que combina medias móviles con osciladores se conoce como Convergencia y Divergencia de Medias Móviles (MACD). Consiste en la línea MACD y la línea de señal, junto con un histograma que representa la diferencia entre las dos líneas. La línea MACD se calcula restando la EMA a largo plazo de la EMA a corto plazo, mientras que la línea de señal suele ser una EMA de 9 días de la línea MACD. Los traders utilizan los cruces MACD, en los que la línea MACD cruza por encima o por debajo de la línea de señal, para identificar posibles cambios de tendencia y generar señales de compra o venta.

El oscilador estocástico es un indicador de impulso que evalúa el precio de cierre de una criptomoneda en relación con su rango de precios durante un período de tiempo determinado. El oscilador consta de dos líneas: la línea %K, que representa el precio de cierre actual en relación con el rango, y la línea %D, que es una media móvil de la línea %K. El Oscilador Estocástico, que tiene una escala de 0 a 100, mide los probables cambios de tendencia, las posiciones de sobrecompra y sobreventa, y otras variables del mercado. Cuando la línea %K cruza por encima de la línea %D en territorio de sobreventa, genera una señal alcista, mientras que un cruce por debajo de la línea %D en territorio de sobrecompra sugiere una señal bajista.

Una media móvil (normalmente una SMA de 20 días) y dos bandas de desviación estándar situadas por encima y por debajo de la media móvil forman las Bandas de Bollinger. Estas bandas se expanden y contraen en función de la volatilidad del mercado. Cuando los precios se acercan a la banda superior, sugiere condiciones de sobrecompra, mientras que los precios que se acercan a la banda inferior indican condiciones de sobreventa. Los traders utilizan las Bandas de Bollinger para evaluar la volatilidad e identificar posibles rupturas de precios. Las rupturas se producen cuando los precios se mueven fuera de las bandas, lo que indica una posible continuación o reversión de la tendencia actual.

Basado en la secuencia de Fibonacci, el retroceso de Fibonacci es un método utilizado para identificar niveles probables de soporte y resistencia. Los traders trazan los niveles de retroceso de Fibonacci en un gráfico de precios identificando oscilaciones significativas de precios y dibujando líneas horizontales en niveles clave de Fibonacci (como 38.2%, 50% y 61.8%). Estos niveles a menudo actúan como áreas de soporte o resistencia, donde pueden ocurrir reversiones de precios o movimientos significativos de precios. El retroceso de Fibonacci ayuda a los traders a identificar posibles puntos de entrada o salida basándose en la suposición de que los mercados a menudo retroceden una parte de un movimiento de precios anterior antes de continuar la tendencia general.

La Nube Ichimoku, también conocida como Ichimoku Kinko Hyo, es un indicador integral que proporciona información sobre las tendencias del mercado, los niveles de soporte y resistencia, y las posibles señales comerciales. Consta de varios componentes, incluidos el Kumo (nube), Tenkan-sen (línea de conversión), Kijun-sen (línea de base), Chikou Span (línea rezagada) y Senkou Span A y B (tramos principales). Los traders utilizan la Nube Ichimoku para identificar la dirección de la tendencia, los niveles potenciales de soporte y resistencia, y las señales generadas por las interacciones entre los diferentes componentes del indicador.

Si bien cada indicador técnico u oscilador proporciona información valiosa sobre las tendencias y el impulso del mercado, la combinación de múltiples indicadores puede mejorar la confiabilidad de las señales comerciales. Los traders a menudo buscan confirmación y confluencia, donde múltiples indicadores u osciladores generan señales similares o se alinean con la tendencia general. Este enfoque aumenta la probabilidad de predicciones precisas y reduce el impacto de las señales falsas.

Patrones Gráficos y Análisis de Tendencias

Los patrones gráficos y el análisis de tendencias son herramientas fundamentales en el análisis técnico que permiten a los traders e inversores comprender el comportamiento del mercado, identificar oportunidades potenciales y tomar decisiones comerciales informadas. Al analizar los datos históricos de precios y los patrones visuales en los gráficos de precios, los participantes del mercado pueden obtener información valiosa sobre la psicología de compradores y vendedores, las tendencias del mercado y las posibles reversiones de precios. En esta sección, exploraremos la importancia de los patrones gráficos y el análisis de tendencias, examinaremos los patrones gráficos comunes y discutiremos sus implicaciones para las estrategias comerciales en varios mercados financieros.

Los operadores pueden identificar posibles tendencias del mercado y pronosticar el comportamiento futuro de los precios mediante el uso de patrones gráficos, que son representaciones visuales de los movimientos de precios en los gráficos. Estos patrones están formados por la interacción entre compradores y vendedores en el mercado y reflejan el sentimiento colectivo de los participantes en el mercado. Los patrones gráficos se clasifican en dos tipos principales: patrones de reversión y de continuación.

Los patrones de reversión se caracterizan por una transición de alcista a bajista, o viceversa, y se utilizan para predecir cambios probables en la dirección actual del mercado. Algunos ejemplos de patrones de inversión son los patrones de cabeza y hombros, doble techo y doble fondo. Los patrones de continuación, por otro lado, sugieren una pausa temporal en la tendencia predominante antes de que se reanude. Los patrones de continuación comunes incluyen triángulos, banderas y banderines.

El análisis de tendencias es un componente crucial del análisis técnico que se centra en identificar y analizar las tendencias del mercado. Una tendencia es un patrón general de movimiento de precios para un mercado o activo durante un período de tiempo determinado. Las tendencias se pueden clasificar como tendencias alcistas, bajistas o laterales.

Los máximos y mínimos más altos, que significan un sentimiento alcista del mercado, caracterizan las tendencias alcistas. Por otro lado, las tendencias bajistas consisten en máximos y mínimos más bajos, lo que indica un sentimiento bajista del mercado. Las tendencias laterales se producen cuando los precios se mueven dentro de un rango horizontal, sin un claro sesgo al alza o a la baja.

El patrón de cabeza y hombros es un patrón de inversión ampliamente reconocido que se caracteriza por tres picos distintos, siendo el pico central (la cabeza) el más alto, y los otros dos picos (los hombros) flanqueándolo. El patrón se completa dibujando un escote que conecta los mínimos entre los picos. Este patrón sugiere un posible cambio de tendencia de alcista a bajista.

Los patrones de doble techo y doble fondo son patrones de reversión caracterizados por dos picos consecutivos (doble techo) o dos valles consecutivos (doble fondo) formados a un nivel similar. Estos patrones indican un posible cambio de tendencia y brindan oportunidades de trading.

Los triángulos son patrones de continuación que representan una fase de consolidación temporal antes de la reanudación de la tendencia predominante. Pueden ser simétricos, ascendentes o descendentes. Una ruptura por encima de la línea de tendencia superior sugiere una continuación alcista, mientras que una ruptura por debajo de la línea de tendencia inferior indica una continuación bajista.

Las banderas y los banderines son patrones de continuación después de un fuerte movimiento de precios. Las banderas son patrones rectangulares que se inclinan en contra de la tendencia predominante, mientras que los banderines son pequeños triángulos simétricos. El patrón de continuación se confirma por una ruptura en la dirección de la tendencia dominante.

Los patrones gráficos y el análisis de tendencias proporcionan información valiosa para desarrollar estrategias de trading. Los traders pueden utilizar patrones gráficos para identificar posibles puntos de entrada y salida, establecer órdenes de stop-loss y gestionar el riesgo. Cuando se confirma un patrón gráfico, los traders pueden establecer posiciones en la dirección del patrón y establecer objetivos de precios basados en el movimiento proyectado del patrón. Los traders también pueden considerar factores adicionales como el análisis de volumen, los niveles de soporte y resistencia, y el contexto general del mercado para fortalecer sus decisiones de trading.

Además, la combinación de patrones gráficos con otros indicadores técnicos y osciladores puede mejorar la fiabilidad de las señales comerciales. Por ejemplo, el uso de líneas de tendencia o medias móviles junto con patrones gráficos puede ayudar a confirmar la validez del patrón y proporcionar niveles adicionales de soporte o resistencia.

Es importante tener en cuenta que los patrones gráficos no son infalibles y, a veces, pueden producir señales falsas. Los traders deben tener cuidado y tener en cuenta las condiciones generales del mercado, los principios de gestión de riesgos y el uso de ratios de riesgo-recompensa adecuados a la hora de aplicar patrones gráficos a sus estrategias de trading.

Los patrones gráficos y el análisis de tendencias se pueden aplicar a varios marcos temporales, que van desde el comercio intradía hasta la inversión a largo plazo. Los plazos más cortos a menudo se asocian con operaciones más frecuentes y se centran en movimientos de precios más pequeños, mientras que los marcos temporales más largos consideran tendencias de mercado más amplias y apuntan a objetivos de precios más grandes.

Los patrones gráficos y el análisis de tendencias también se pueden utilizar para analizar una variedad de mercados financieros, incluidos los de acciones, materias primas, divisas y criptomonedas. Si bien los patrones específicos pueden presentar variaciones entre los diferentes mercados, los principios subyacentes siguen siendo los mismos. Los traders e inversores pueden adaptar su análisis a diferentes mercados y desarrollar estrategias basadas en las características y dinámicas específicas de cada mercado.
Si bien los patrones gráficos y el análisis de tendencias brindan información valiosa sobre el comportamiento del mercado, tienen limitaciones y desafíos. En primer lugar, la naturaleza subjetiva del reconocimiento de patrones puede introducir sesgos de interpretación entre los

diferentes operadores. En segundo lugar, las condiciones del mercado a veces pueden conducir a falsas rupturas o rupturas, lo que desafía la fiabilidad de los patrones gráficos. Además, los mercados volátiles o ilíquidos pueden exhibir patrones menos confiables, lo que dificulta la generación de señales precisas.

Para utilizar eficazmente los patrones gráficos y el análisis de tendencias, los traders deben aprender continuamente y mantenerse actualizados con la evolución de la dinámica del mercado. Estudiar regularmente los gráficos de precios, analizar patrones históricos y observar cómo se desarrollan los patrones en tiempo real puede mejorar las habilidades de reconocimiento de patrones y mejorar la toma de decisiones.

Niveles de Soporte y Resistencia

Los niveles de soporte y resistencia son conceptos fundamentales en el análisis técnico que ayudan a los traders e inversores a identificar los niveles de precios clave en los que las presiones de compra y venta han influido históricamente en el mercado. Estos niveles actúan como barreras psicológicas y técnicas, dando forma a los movimientos de precios y proporcionando información valiosa sobre posibles reversiones, rupturas y continuación de tendencias. En esta sección, profundizaremos en la importancia de los niveles de soporte y resistencia, exploraremos sus características y formaciones, discutiremos sus implicaciones para las estrategias comerciales y destacaremos las técnicas para identificar y utilizar estos niveles de manera efectiva.

Los niveles de soporte y resistencia son niveles de precios horizontales o diagonales que actúan como barreras para el movimiento de precios. El soporte representa un nivel de precios en el que se espera que la presión de compra supere a la presión de venta, evitando que los precios sigan cayendo. Por otro lado, la resistencia representa un nivel de precios en el que se espera que la presión de venta supere la presión de compra, evitando que los precios sigan subiendo.

La oferta y la demanda determinan los niveles de soporte y resistencia. Cuando la demanda de un activo supera su oferta, los precios tienden a subir, creando niveles de resistencia a medida que aumenta la presión de venta. Por el contrario, cuando la oferta supera la demanda, los precios tienden a bajar, lo que lleva al establecimiento de niveles de soporte a medida que aumenta la presión de compra.

Los niveles de soporte y resistencia se pueden determinar utilizando una variedad de métodos. Los traders analizan los datos históricos de precios, las líneas de tendencia, las medias móviles y los niveles de retroceso de Fibonacci para identificar posibles zonas de soporte y resistencia. Los niveles históricos de precios que han actuado previamente como puntos de inflexión pueden indicar la importancia de niveles específicos. Las líneas de tendencia trazadas conectando máximos o mínimos significativos en un gráfico de precios pueden actuar como niveles dinámicos de soporte o resistencia. Las medias móviles, como la media móvil de 50 o 200 días, también pueden actuar como niveles de soporte o resistencia. Además, los niveles de retroceso de Fibonacci derivados de la secuencia de Fibonacci ayudan a identificar posibles niveles de soporte y resistencia basados en el retroceso proporcional de un movimiento de precios anterior.

Los niveles de soporte y resistencia poseen varias características clave. En primer lugar, la fuerza de un nivel de soporte o resistencia está determinada por el número de veces que los precios han respetado ese nivel y el volumen negociado cerca de él. Los niveles que han sido probados varias veces con reacciones significativas de precios y un alto volumen de operaciones se consideran niveles más fuertes. En segundo lugar, la confirmación de la significación de un nivel aumenta con el número de veces que los precios lo han respetado. Múltiples toques y rebotes de un nivel validan su credibilidad como nivel de soporte o resistencia. En tercer

lugar, una vez que se rompe un nivel de soporte, a menudo se convierte en un nivel de resistencia, y viceversa. Este fenómeno se conoce como "inversión de roles" y es un concepto crucial para comprender la dinámica de los niveles de soporte y resistencia. Por último, los números redondos, como USD 10 o USD 100, a menudo tienen un significado psicológico y pueden actuar como niveles de soporte o resistencia. Estos niveles atraen la atención de los traders e inversores, influyendo en sus decisiones de compra o venta.

Los niveles de soporte y resistencia ofrecen información valiosa para desarrollar estrategias de trading. Las rupturas se producen cuando los precios rompen por encima de un nivel de resistencia o por debajo de un nivel de soporte. Los traders pueden entrar en una operación en la dirección de la ruptura, esperando un mayor movimiento del precio en esa dirección. Los rebotes en los niveles de soporte o resistencia indican la fuerza de esos niveles. Los traders pueden considerar la posibilidad de entrar en operaciones cuando los precios rebotan en un nivel, anticipando una continuación de la tendencia predominante o una posible reversión. Además, los niveles de soporte y resistencia se pueden utilizar para determinar los niveles apropiados de stop-loss y establecer objetivos de toma de ganancias. Colocar órdenes de stop-loss ligeramente por debajo de un nivel de soporte o por encima de un nivel de resistencia puede ayudar a protegerse contra posibles pérdidas si se rompe el nivel. Los traders pueden optar por cerrar sus posiciones o tomar ganancias cerca de estos niveles, ya que los precios a menudo luchan por moverse más allá de ellos.

Para utilizar eficazmente los niveles de soporte y resistencia, los operadores pueden emplear varias técnicas. Buscar la confirmación de otros indicadores técnicos o patrones gráficos puede aumentar la confiabilidad de los niveles identificados. El análisis de varios períodos de tiempo ayuda a identificar niveles significativos que se alinean en diferentes períodos de tiempo. Como los niveles de soporte y resistencia no son estáticos, sino que pueden cambiar con el tiempo, es necesario reevaluar y actualizar regularmente estos niveles. La combinación de los niveles de soporte y resistencia con otros indicadores técnicos, como las líneas de tendencia, las medias móviles o los osciladores, puede proporcionar una confirmación adicional y fortalecer las decisiones de trading.

Si bien los niveles de soporte y resistencia son herramientas valiosas, tienen limitaciones. Las falsas rupturas se producen cuando los precios rompen temporalmente los niveles de soporte o resistencia antes de revertir rápidamente el rumbo. Los traders deben tener precaución y esperar la confirmación antes de entrar en operaciones basadas en posibles rupturas. Las condiciones dinámicas del mercado, especialmente durante eventos noticiosos significativos o choques inesperados del mercado, pueden desafiar la confiabilidad de los niveles de soporte y resistencia. Los traders deben tener en cuenta el contexto más amplio del mercado y adaptar sus estrategias en consecuencia. Además, la identificación de los niveles de soporte y resistencia implica un grado de subjetividad, ya que los diferentes traders pueden tener diferentes interpretaciones de su significado y colocación.

La utilización efectiva de los niveles de apoyo y resistencia requiere un aprendizaje y una adaptación continuos. El análisis regular de los gráficos de precios, el estudio de los patrones históricos y la observación de cómo los precios interactúan con los niveles identificados en tiempo real refinan las habilidades de identificación de los operadores, mejoran la toma de decisiones y les ayudan a adaptarse a las condiciones cambiantes del mercado.

CAPÍTULO V

Desarrollo de Estrategias de Trading de Criptomonedas

Estrategias de Trading a Corto Plazo vs. Estrategias de Trading a Largo Plazo

Las estrategias de trading juegan un papel crucial en los mercados financieros, ya que permiten a los traders e inversores capitalizar las oportunidades y alcanzar sus objetivos financieros. Una de las decisiones clave de los trader's es elegir entre estrategias de trading a corto y largo plazo. El trading a corto plazo se centra en capitalizar los pequeños movimientos de precios dentro de un marco de tiempo limitado, mientras que el trading a largo plazo tiene como objetivo capturar las tendencias de precios más grandes durante un período prolongado.
Esta sección explorará las características, ventajas y desafíos de las estrategias de trading a corto y largo plazo y considerará la selección del enfoque más adecuado en función de los objetivos individuales y la tolerancia al riesgo.

Las estrategias de trading a corto plazo, también conocidas como day trading o trading intradía, implican la apertura y el cierre de posiciones en un solo día de negociación o en unos pocos días. Los traders que adoptan estrategias a corto plazo se basan en el análisis técnico, los patrones gráficos y las fluctuaciones de precios a corto plazo para tomar decisiones de trading rápidas. Su objetivo es beneficiarse de pequeños movimientos de precios y explotar la volatilidad del mercado.

Las estrategias de trading a corto plazo ofrecen varias ventajas. En primer lugar, brindan la oportunidad de realizar operaciones frecuentes, lo que permite a los operadores aprovechar múltiples oportunidades en un corto período de tiempo. En segundo lugar, los traders a corto plazo pueden beneficiarse de aprovechar el poder de la capitalización reinvirtiendo sus beneficios en operaciones posteriores. En tercer lugar, la negociación a corto plazo permite una gestión del riesgo más estricta, ya que las posiciones generalmente se cierran antes del final del día de negociación, lo que minimiza la exposición a los riesgos del mercado durante la noche.

Sin embargo, el trading a corto plazo viene con su propio conjunto de desafíos. Requiere un seguimiento constante de los movimientos de los precios y una rápida toma de decisiones, que puede ser mental y emocionalmente exigente. El corto plazo también deja menos margen de error, ya que los pequeños errores pueden tener un impacto significativo en la rentabilidad. Además, el trading a corto plazo requiere acceso a datos de mercado en tiempo real, plataformas de ejecución fiables y sistemas eficientes de gestión de operaciones.

Las estrategias de trading a largo plazo, también conocidas como trading de posiciones o seguimiento de tendencias, implican mantener posiciones durante un período prolongado, que va desde semanas hasta años. Los traders a largo plazo se centran en capturar tendencias de precios significativas y pretenden beneficiarse de los movimientos del mercado a largo plazo. Por lo general, se basan en el análisis fundamental, los indicadores económicos y la investigación de mercado para identificar los activos infravalorados y los posibles catalizadores de la apreciación de los precios.

Las estrategias de trading a largo plazo ofrecen varias ventajas. En primer lugar, permiten a los traders capitalizar las principales tendencias de precios, capturando potencialmente ganancias sustanciales. En segundo lugar, los traders a largo plazo no son tan susceptibles al ruido del mercado a corto plazo o a las fluctuaciones temporales de los precios. En tercer lugar, el trading a largo plazo requiere menos tiempo y atención que el trading a corto plazo, ya que las posiciones se mantienen durante períodos prolongados.

Sin embargo, el trading a largo plazo también presenta desafíos. La paciencia y la disciplina son esenciales, ya que los puestos pueden requerir meses o incluso años para materializarse por completo. Los traders a largo plazo deben sentirse cómodos con posibles caídas o períodos de estancamiento antes de que el mercado se mueva a su favor. Además, mantener posiciones durante períodos prolongados expone a los traders a riesgos sistémicos y nocturnos, incluidos shocks de mercado, eventos económicos y factores geopolíticos.

La elección entre estrategias de trading a corto y largo plazo depende de varios factores, incluidos los objetivos individuales, la tolerancia al riesgo, la disponibilidad de tiempo y el estilo de trading. Es fundamental alinear la estrategia elegida con las preferencias y recursos personales para maximizar las posibilidades de éxito.

El trading a corto plazo puede ser más adecuado para las personas que buscan oportunidades de trading frecuentes, con el objetivo de obtener ganancias rápidas y que se sienten cómodas con niveles de riesgo más altos. Por otro lado, el trading a largo plazo se alinea mejor con las personas que buscan un crecimiento sostenible, están dispuestas a soportar períodos de volatilidad y tienen un apetito por el riesgo más conservador.

El trading a corto plazo requiere mucho tiempo y atención a lo largo del día de trading, ya que los traders monitorean los movimientos de precios y ejecutan operaciones. Las personas con disponibilidad limitada pueden encontrar que el comercio a largo plazo es más manejable, ya que requiere una participación menos activa y menos requisitos de monitoreo diario.

Los diferentes estilos de trading pueden alinearse mejor con horizontes temporales específicos. Los traders agresivos que prosperan con las fluctuaciones de precios a corto plazo y disfrutan de una toma de decisiones activa pueden preferir estrategias a corto plazo. Los traders más pacientes que prefieren seguir las tendencias a largo plazo y evitar la toma de decisiones frecuentes pueden gravitar hacia las estrategias a largo plazo.
El trading a corto plazo a menudo requiere más capital para aprovechar los movimientos de precios más pequeños debido a la mayor frecuencia de trading y los posibles costos de transacción. El trading a largo plazo puede requerir menos capital por adelantado, pero requiere la capacidad de mantener posiciones durante períodos prolongados y resistir posibles reducciones.

La gestión del riesgo y la disciplina emocional son fundamentales para operar con éxito, independientemente de la estrategia elegida. Los traders a corto plazo deben establecer órdenes estrictas de stop-loss, administrar el tamaño de las posiciones de manera efectiva y evitar la toma de decisiones impulsivas. Los traders a largo plazo deben establecer objetivos de beneficios realistas, considerar la diversificación entre diferentes clases de activos y mantener una perspectiva a largo plazo incluso durante los períodos de volatilidad del mercado.

En la práctica, los traders suelen adoptar enfoques híbridos que combinan elementos de estrategias a corto y largo plazo. Por ejemplo, el swing trading consiste en capturar oscilaciones de precios intermedios dentro de tendencias más amplias. Los traders también pueden utilizar estrategias a largo plazo como un enfoque de inversión central mientras aprovechan las oportunidades de trading a corto plazo dentro de ese marco más amplio. La flexibilidad y la adaptación son clave a medida que evolucionan las condiciones del mercado, lo que permite a los operadores ajustar sus estrategias en función de la dinámica cambiante del mercado.

El éxito en el trading requiere un aprendizaje y una evaluación continuos. Los traders deben revisar y analizar regularmente su rendimiento comercial, refinar sus estrategias y adaptarse a las condiciones del mercado. La educación continua, mantenerse actualizado con las noticias y desarrollos financieros e interactuar con otros operadores puede mejorar las habilidades y los conocimientos.

Estrategias de Day Trading

El comercio de criptomonedas ofrece varias estrategias para capitalizar la volatilidad del mercado, y el comercio diario se ha convertido en un enfoque popular. El day trading permite abrir y cerrar posiciones dentro del mismo día de negociación, con el objetivo de beneficiarse de las fluctuaciones de precios a corto plazo. Esta sección explorará los fundamentos del day trading en los mercados de criptomonedas, incluidas sus ventajas, estrategias clave, técnicas de gestión de riesgos y la importancia del aprendizaje continuo.

El day trading es una estrategia de trading a corto plazo centrada en capturar pequeños movimientos de precios en un solo día de trading. El objetivo de los traders es aprovechar la volatilidad intradía abriendo y cerrando posiciones con prontitud. El objetivo principal del day trading es generar beneficios a partir de estas frecuentes fluctuaciones de precios.

Los mercados de criptomonedas son conocidos por su volatilidad inherente, lo que los hace atractivos para los day traders. Las frecuentes oscilaciones de precios crean oportunidades para obtener ganancias rápidas comprando barato y vendiendo caro en un corto período de tiempo. Los day traders suelen basarse en el análisis técnico, los patrones gráficos y los indicadores del mercado para identificar puntos de entrada y salida favorables.

Una estrategia llamada momentum trading consiste en identificar las criptomonedas que están experimentando movimientos de precios significativos o fuertes tendencias al alza o a la baja. El objetivo de los traders es aprovechar el impulso y colocar las operaciones en la dirección de la tendencia actual. Los indicadores de impulso, como el Índice de Fuerza Relativa (RSI) y la Divergencia de Convergencia de Medias Móviles (MACD), pueden ayudar a identificar estas oportunidades.

El trading de ruptura implica identificar los niveles clave de soporte y resistencia y entrar en operaciones cuando el precio supera estos niveles. Los traders buscan rupturas por encima de los niveles de resistencia para iniciar posiciones largas o por debajo de los niveles de soporte para iniciar posiciones cortas. El análisis de volumen y los patrones de gráficos, como triángulos o rectángulos, pueden ayudar a confirmar las señales de ruptura.

Una estrategia llamada Scalping consiste en realizar múltiples operaciones rápidas a lo largo del día para capturar pequeños diferenciales de precios. El objetivo de los traders es beneficiarse de las pequeñas fluctuaciones de precios entrando y saliendo de las posiciones en cuestión de segundos o minutos. El scalping requiere un alto nivel de concentración y la capacidad de actuar con rapidez, apoyándose en el análisis técnico y los datos de flujo de órdenes.

La implementación de órdenes de stop-loss es crucial en el day trading para limitar las pérdidas potenciales. Los traders establecen puntos de salida predeterminados en los que sus posiciones se cierran automáticamente si el precio se mueve en su contra. Esto ayuda a proteger el capital y evita pérdidas sustanciales en caso de movimientos de precios desfavorables.

El tamaño adecuado de la posición es esencial en el day trading para gestionar el riesgo de forma eficaz. Los traders asignan un porcentaje específico de su capital comercial a cada operación, asegurándose de que las pérdidas potenciales estén dentro de un rango aceptable. Al controlar el tamaño de la posición, los traders pueden limitar su exposición a operaciones individuales y proteger su cartera general.

Evaluar la relación riesgo-recompensa es esencial para mantener un equilibrio favorable entre las ganancias potenciales y las pérdidas potenciales. Los traders evalúan el objetivo de ganancias potenciales frente al riesgo de la operación para determinar si se alinea con su apetito por el riesgo. Las relaciones riesgo-recompensa favorables garantizan que las ganancias potenciales superen las pérdidas potenciales.

El dominio del análisis técnico es esencial para los day traders. Los traders pueden determinar los posibles puntos de entrada y salida estudiando los patrones de los gráficos, las tendencias y los indicadores. Aprender sobre las diferentes herramientas de análisis técnico y su aplicación es crucial para refinar las estrategias de trading.

Mantenerse informado sobre las noticias, eventos y actualizaciones del mercado es vital para los day traders. Deben monitorear los factores que afectan los precios de las criptomonedas, como los desarrollos regulatorios, las asociaciones y el sentimiento del mercado. Mantenerse al día con los análisis del mercado y las tendencias de la industria ayuda a los traders a tomar decisiones informadas.

El day trading requiere práctica y experiencia para desarrollar habilidades e intuición. Los operadores pueden utilizar cuentas de demostración o operaciones en papel para ganar experiencia sin arriesgar capital real. El análisis de operaciones pasadas, la identificación de patrones y el aprendizaje de los errores contribuyen a mejorar las habilidades de day trading.

Estrategias de Swing Trading

Los mercados de criptomonedas son conocidos por su volatilidad, lo que crea oportunidades para diversas estrategias comerciales. Un enfoque popular es el swing trading, que consiste en capturar los movimientos de precios a medio plazo manteniendo posiciones durante varios días o semanas. En esta sección, exploraremos los fundamentos del swing trading en los mercados de criptomonedas, incluidas sus ventajas, estrategias clave, técnicas de gestión de riesgos y la importancia de la adaptabilidad.

Una estrategia llamada swing trading busca beneficiarse de los cambios de precios a medio plazo que sean consistentes con la tendencia más amplia de una criptomoneda. A diferencia del day trading, los swing traders mantienen posiciones durante un período más largo, que va desde unos pocos días hasta varias semanas. El objetivo es capturar oscilaciones significativas de precios durante condiciones de mercado alcistas o bajistas.

Los swing traders se benefician de los mercados de tendencia al entrar en posiciones alineadas con la tendencia predominante. Al mantener posiciones durante más tiempo, pueden aprovechar el impulso alcista o bajista, maximizando el potencial de ganancias. Este enfoque aprovecha el poder de los movimientos sostenidos de precios en el mercado.

A diferencia del day trading, el swing trading requiere menos compromiso de tiempo, ya que las posiciones se mantienen durante períodos más largos. Los swing traders pueden gestionar eficazmente sus operaciones junto con otros compromisos, lo que lo hace adecuado para los traders a tiempo parcial o para aquellos con disponibilidad limitada.

El swing trading suele implicar menos transacciones en comparación con el day trading, lo que se traduce en menores costes de transacción. Al reducir la frecuencia de las operaciones, los swing traders pueden ahorrar en tarifas y comisiones asociadas con cada transacción, mejorando la rentabilidad general.

El trading de inversión de tendencia es una estrategia que se centra en identificar posibles cambios de tendencia. Los swing traders buscan patrones de precios, formaciones de gráficos o indicadores técnicos que sugieran un cambio en la tendencia predominante. Los swing traders tienen como objetivo beneficiarse del movimiento posterior del precio entrando en posiciones al principio de la reversión.

El trading de ruptura es una estrategia popular de swing trading que identifica los niveles clave de soporte y resistencia. Los swing traders entran en posiciones cuando el precio rompe por encima de un nivel de resistencia o por debajo de un nivel de soporte, anticipando un movimiento significativo del precio hacia la ruptura.

El trading de retroceso consiste en entrar en posiciones durante los retrocesos temporales de los precios dentro de una tendencia en curso. Los swing traders identifican una tendencia fuerte y esperan un retroceso del precio a un nivel predeterminado de soporte o resistencia. A continuación, entran en posiciones en la dirección de la tendencia predominante, con el objetivo de capturar el siguiente tramo del movimiento del precio.
La implementación de órdenes de stop-loss es esencial en el swing trading para limitar las pérdidas potenciales. Los swing traders establecen puntos de salida predeterminados en los que sus posiciones se cierran automáticamente si el precio se mueve en su contra. Esto ayuda a proteger el capital y a gestionar el riesgo en caso de que la operación no salga como se esperaba.

El tamaño adecuado de la posición es crucial en el swing trading para gestionar el riesgo de forma eficaz. Los traders asignan un porcentaje específico de su capital comercial a cada operación, asegurándose de que las pérdidas potenciales estén dentro de un rango aceptable. Los swing traders mantienen una cartera equilibrada ajustando el tamaño de las posiciones en función de la tolerancia al riesgo y las condiciones del mercado.

Los swing traders utilizan estrategias de toma de ganancias para asegurar ganancias a medida que el precio se mueve a su favor. Pueden emplear órdenes de trailing stop o escalar fuera de las posiciones, tomando ganancias gradualmente a medida que el precio alcanza objetivos predeterminados. Estas estrategias ayudan a asegurar las ganancias y minimizar el riesgo de devolver las ganancias durante las fluctuaciones del mercado. Los swing traders deben seguir siendo adaptables y ajustar sus estrategias a las condiciones cambiantes del mercado. Los mercados de criptomonedas pueden experimentar períodos de alta volatilidad, baja volatilidad o incluso movimientos dentro de un rango. Los swing traders deben identificar las condiciones prevalecientes del mercado y seleccionar estrategias que se alineen con el entorno actual. La flexibilidad en la selección de estrategias garantiza que los swing traders puedan capitalizar las oportunidades del mercado al tiempo que mitigan los riesgos.

Estrategias de Trading de Posición

El trading de posiciones es una estrategia que se centra en capturar las tendencias a largo plazo en el mercado de criptomonedas. Los traders de posición mantienen posiciones durante mucho tiempo, desde semanas hasta meses o incluso años, en comparación con los day traders o los swing traders. Esta sección explora los fundamentos del trading de posiciones en los mercados de criptomonedas, incluyendo sus ventajas, estrategias clave, técnicas de gestión de riesgos y la importancia de la paciencia y la disciplina.

El trading de posiciones es un enfoque a largo plazo que tiene como objetivo capitalizar los movimientos significativos de los precios durante un período prolongado. Los operadores de posición identifican tendencias e introducen posiciones alineadas con la dirección general del mercado. El objetivo es capturar la mayor parte del movimiento alcista o bajista de una tendencia, maximizando el potencial de ganancias.

El trading de posiciones permite a los traders beneficiarse de las tendencias a largo plazo en el mercado de criptomonedas. Mantener posiciones durante períodos prolongados permite a los operadores aprovechar los movimientos sustanciales de los precios y generar ganancias significativas. Esta estrategia aprovecha la volatilidad inherente y el potencial de crecimiento en el espacio de las criptomonedas.

El trading de posición requiere menos compromiso de tiempo que el day trading o el swing trading. Los operadores pueden controlar sus posiciones periódicamente en lugar de seguir constantemente el mercado. Esto hace que el trading de posiciones sea adecuado para personas con agendas ocupadas o para aquellos que buscan un enfoque más pasivo del trading. El

trading de posiciones implica menos operaciones y una toma de decisiones menos frecuente, lo que reduce el estrés y el impacto emocional. Los traders pueden evitar la presión constante de tomar decisiones rápidas, lo que permite una experiencia de trading más relajada y paciente.

Los traders de posición emplean estrategias de seguimiento de tendencias para identificar y capitalizar las tendencias del mercado a largo plazo. Utilizan herramientas de análisis técnico, como medias móviles, líneas de tendencia e indicadores como el Índice Direccional Promedio (ADX), para identificar la tendencia predominante. Los operadores de posición introducen posiciones en la dirección de la tendencia y las mantienen hasta que la tendencia muestra signos de reversión.

Los traders de posición también tienen en cuenta factores fundamentales a la hora de seleccionar criptomonedas para posiciones a largo plazo. Evalúan la tecnología, el equipo, el potencial de adopción y el posicionamiento en el mercado del proyecto. Al realizar una investigación exhaustiva, los traders de posición tienen como objetivo identificar criptomonedas con fundamentos sólidos que tienen el potencial de crecimiento a largo plazo.

Los traders de posición diversifican sus tenencias de criptomonedas para distribuir el riesgo y capturar oportunidades en diferentes proyectos. Al asignar su capital a varias criptomonedas, mitigan el impacto de los riesgos específicos de cada proyecto. La diversificación ayuda a los operadores de posición a construir una cartera sólida que pueda capear las fluctuaciones del mercado y ofrecer rendimientos superiores.

Los traders de posición asignan una parte de su capital de trading a cada posición, asegurando que las pérdidas potenciales estén dentro de un nivel aceptable de tolerancia al riesgo. Al gestionar cuidadosamente el tamaño de las posiciones, los traders pueden proteger su cartera general de caídas significativas y limitar la exposición a cualquier criptomoneda.

Los traders de posición establecen órdenes de stop-loss a largo plazo para proteger sus posiciones de pérdidas excesivas. Por lo general, estas órdenes se colocan por debajo de los niveles de soporte clave o con caídas porcentuales predeterminadas del precio de entrada. Las órdenes de stop-loss a largo plazo proporcionan una red de seguridad y ayudan a gestionar el riesgo durante períodos de tenencia prolongados.

La paciencia y la disciplina son cualidades cruciales para los traders de posición exitosos. Entienden que las tendencias tardan en desarrollarse y evitan la tentación de salir de posiciones prematuramente debido a las fluctuaciones del mercado a corto plazo. Los traders de posición mantienen una perspectiva a largo plazo, lo que permite que sus posiciones capturen todo el potencial de la tendencia identificada.

El trading de posiciones requiere paciencia y un seguimiento continuo de las posiciones. Los traders deben ejercer disciplina para apegarse a su plan de trading y resistir la tentación de tomar decisiones impulsivas basadas en las fluctuaciones del mercado a corto plazo. El monitoreo regular ayuda a los operadores de posición a evaluar la viabilidad continua de sus posiciones y realizar los ajustes necesarios si cambian las condiciones del mercado o los fundamentos del proyecto.

CAPÍTULO VI

Gestión de Riesgos en el Comercio de Criptomonedas

Establecer la Tolerancia al Riesgo y los Objetivos

El comercio de criptomonedas ofrece interesantes oportunidades para que los inversores participen en el dinámico mercado de activos digitales. Sin embargo, navegar por este panorama volátil requiere una cuidadosa consideración de la tolerancia al riesgo y el establecimiento de objetivos comerciales claros. En esta sección, exploraremos la importancia de establecer la tolerancia al riesgo y los objetivos en el comercio de criptomonedas, los factores a tener en cuenta a la hora de definir la tolerancia al riesgo, las estrategias para el establecimiento de objetivos y el papel de la evaluación y el ajuste continuos.

La tolerancia al riesgo se refiere a la voluntad y la capacidad de un individuo para soportar pérdidas potenciales en busca de rendimientos de inversión. La tolerancia al riesgo es crucial en la elaboración de una estrategia de trading que se alinee con los objetivos financieros y el nivel de comodidad psicológica de cada uno. Comprender y definir la tolerancia al riesgo es primordial cuando se trata del comercio de criptomonedas, que puede experimentar fluctuaciones significativas de precios.

La evaluación de la posición financiera, incluidos los ingresos, los ahorros y la cartera de inversiones en general, es esencial para determinar la tolerancia al riesgo. Los traders deben considerar cuánto capital están dispuestos a destinar al trading de criptomonedas sin poner en peligro su estabilidad financiera.
La experiencia en el comercio o la inversión, particularmente en el mercado de criptomonedas, juega un papel importante en la evaluación de la tolerancia al riesgo. Los traders experimentados pueden tener una mayor tolerancia al riesgo debido a su familiaridad con la dinámica del mercado, mientras que los principiantes pueden inclinarse por un enfoque más conservador.

El horizonte temporal se refiere a la duración prevista de la inversión. Los traders con horizontes de inversión más largos pueden tener una mayor tolerancia al riesgo, ya que tienen más tiempo para recuperarse de posibles pérdidas. Los traders a corto plazo o aquellos con necesidades financieras inmediatas pueden optar por una menor tolerancia al riesgo.

Los traders deben establecer objetivos financieros claros que se alineen con sus objetivos generales de inversión. Estos objetivos pueden incluir la generación de un porcentaje específico de rendimientos, el logro de un determinado objetivo de ganancias o la construcción de una cartera de criptomonedas de un valor específico. Establecer objetivos financieros alcanzables y medibles proporciona una hoja de ruta para las decisiones comerciales.

Los objetivos deben tener en cuenta el equilibrio riesgo-rentabilidad deseado. Los traders deben determinar el nivel de riesgo con el que se sienten cómodos asumiendo en la búsqueda de sus objetivos financieros. Las estrategias de mayor riesgo pueden ofrecer la posibilidad de obtener mayores rendimientos, pero conllevan una mayor volatilidad, mientras que los enfoques de menor riesgo pueden proporcionar estabilidad, pero con rendimientos potencialmente más bajos.

Los traders pueden establecer objetivos tanto a largo como a corto plazo para guiar sus actividades de trading. Los objetivos a largo plazo pueden centrarse en la acumulación de riqueza o la planificación de la jubilación, mientras que los objetivos a corto plazo pueden estar orientados a oportunidades comerciales específicas o a lograr un crecimiento incremental.

Los traders deben revisar regularmente su tolerancia al riesgo y sus objetivos de trading para asegurarse de que se mantienen alineados con sus circunstancias cambiantes y las condiciones del mercado. Los cambios en la situación financiera, la volatilidad del mercado o las circunstancias personales pueden justificar la tolerancia al riesgo y los ajustes de objetivos.

El reequilibrio implica ajustar la asignación de activos de la cartera en función de consideraciones de rendimiento y riesgo. Los traders pueden evaluar periódicamente sus tenencias de criptomonedas y hacer los ajustes necesarios para realinearse con su tolerancia al riesgo y sus objetivos.

El aprendizaje y la adaptación continuos son parte integral del éxito del comercio de criptomonedas. Los traders deben mantenerse informados sobre las tendencias del mercado, los nuevos desarrollos y la evolución de los panoramas regulatorios. Al mantenerse al tanto del conocimiento de la industria, los operadores pueden tomar decisiones informadas y ajustar su tolerancia al riesgo y sus objetivos en consecuencia.

El comercio de criptomonedas puede evocar emociones fuertes, como el miedo y la codicia, que pueden afectar la toma de decisiones. Los traders deben ser conscientes de sus respuestas emocionales y cultivar la disciplina emocional. Mantener un enfoque racional y disciplinado para el trading ayuda a evitar acciones impulsivas y apoya la adherencia a la tolerancia al riesgo y los objetivos predeterminados.

Diversificación de la Cartera

El comercio de criptomonedas ofrece una oportunidad de inversión única y dinámica, pero también conlleva riesgos inherentes debido a la volatilidad del mercado. La diversificación de la cartera es una estrategia crucial que puede ayudar a los traders a mitigar el riesgo y maximizar los rendimientos. En esta sección, exploraremos la importancia de la diversificación de la cartera en el comercio de criptomonedas, sus beneficios, las estrategias clave de diversificación y el papel del monitoreo y el reequilibrio continuos.

La diversificación de la cartera implica distribuir las inversiones entre diferentes clases de activos, sectores y criptomonedas para reducir la exposición a una sola inversión. Al diversificar sus carteras, los traders pretenden lograr un equilibrio entre el riesgo y los rendimientos potenciales. En el comercio de criptomonedas, la diversificación de la cartera puede ayudar a protegerse contra la volatilidad y las incertidumbres asociadas con las criptomonedas individuales.

La diversificación de una cartera de criptomonedas ayuda a reducir el impacto de los movimientos negativos de los precios en los activos individuales. Al mantener una combinación de criptomonedas con diferentes perfiles de riesgo y correlaciones de mercado, los operadores pueden protegerse contra las pérdidas en cualquier inversión individual.

La diversificación también puede mejorar los rendimientos potenciales. Si bien algunas criptomonedas pueden experimentar caídas, otras pueden superar al mercado. Al tener exposición a múltiples criptomonedas, los traders aumentan sus posibilidades de beneficiarse del crecimiento de proyectos exitosos.

La diversificación ayuda a preservar el capital al minimizar el riesgo de pérdidas catastróficas. Incluso si una criptomoneda tiene un rendimiento inferior, el impacto general en la cartera se reduce, lo que permite a los operadores preservar su capital comercial y participar en oportunidades futuras.

Los traders deberían considerar la diversificación en diferentes clases de activos, incluidas las criptomonedas con diferentes perfiles de riesgo. Asignar una parte de la cartera a criptomonedas establecidas con menor volatilidad, como Bitcoin o Ethereum, puede proporcionar estabilidad. Además, la inclusión de criptomonedas de menor capitalización o proyectos emergentes con mayor potencial de crecimiento añade un nivel de diversificación para captar rendimientos adicionales.

Invertir en criptomonedas de diversas industrias puede ayudar a los comerciantes a diversificar sus carteras. Diferentes sectores, como las finanzas descentralizadas (DeFi), los tokens no fungibles (NFT) o la interoperabilidad de blockchain, pueden experimentar diferentes niveles de crecimiento y volatilidad. Al distribuir las inversiones entre sectores, los traders reducen la exposición a riesgos específicos del sector. La diversificación geográfica implica invertir en criptomonedas de diferentes regiones. Los diferentes países y regiones pueden tener entornos normativos, dinámicas de mercado y tasas de adopción únicos. Al diversificar entre regiones geográficas, los operadores pueden mitigar el riesgo de concentración en una sola jurisdicción.

Los traders deben evaluar regularmente sus tenencias de criptomonedas y evaluar su rendimiento, perfiles de riesgo y condiciones del mercado. El seguimiento de las tendencias del mercado, las noticias y los avances tecnológicos ayuda a identificar oportunidades y riesgos potenciales.

El reequilibrio implica ajustar periódicamente la asignación de la cartera para mantener la diversificación deseada. Los operadores pueden reequilibrar sus carteras en función de criterios predefinidos, como los porcentajes de asignación de activos objetivo o las condiciones del mercado. El reequilibrio garantiza que la cartera permanezca alineada con el perfil de riesgo-rentabilidad deseado.

A medida que evolucionan los mercados de criptomonedas, los traders deberían considerar la posibilidad de añadir nuevos proyectos prometedores o eliminar los activos de bajo rendimiento de sus carteras. Esta gestión activa ayuda a captar las tendencias emergentes y reduce la exposición a las criptomonedas que ya no cumplen los criterios deseados.

Los traders deben evaluar los riesgos asociados a cada criptomoneda de su cartera. Comprender factores como los fundamentos del proyecto, el panorama regulatorio, la liquidez y el sentimiento del mercado ayuda a evaluar el nivel de riesgo de las inversiones individuales.

Los traders deben asignar capital a diferentes criptomonedas en función de su tolerancia al riesgo y del perfil de riesgo general de la cartera. El tamaño adecuado de la posición garantiza que ninguna inversión domine el rendimiento de la cartera y mitiga el impacto de las posibles pérdidas.
Si bien la diversificación es crucial, es esencial lograr un equilibrio y evitar la diversificación excesiva. Tener demasiadas criptomonedas puede diluir los rendimientos potenciales y hacer que mantenerse informado sobre cada inversión sea un desafío. Los traders deben apuntar a un número manejable de activos bien investigados y cuidadosamente seleccionados.

Órdenes de Stop-Loss y Mitigación de Riesgos

El comercio de criptomonedas ofrece oportunidades lucrativas, pero conlleva riesgos inherentes debido a la volatilidad del mercado. Las órdenes de stop-loss son una técnica vital de gestión de riesgos que puede ayudar a los traders a proteger adecuadamente su capital. En esta sección, exploraremos la importancia de las órdenes de stop-loss en el trading de criptomonedas, sus beneficios, las estrategias clave para establecer niveles de stop-loss y el papel de la mitigación del riesgo para lograr el éxito en el trading.

Una orden de stop-loss es una orden predefinida que vende automáticamente una posición de criptomoneda cuando el precio alcanza un nivel específico, conocido como precio de parada. Los traders utilizan órdenes de stop-loss para limitar las pérdidas potenciales y proteger el capital si el mercado se mueve en contra de sus posiciones. Las órdenes de stop-loss desempeñan un papel vital en la gestión de riesgos y garantizan que los operadores puedan salir de las operaciones perdedoras de manera oportuna y controlada.

Las órdenes de stop-loss protegen el capital comercial al limitar las pérdidas potenciales. Al definir un punto de salida predeterminado, los operadores pueden evitar que las pérdidas superen un umbral predefinido. Esto ayuda a salvaguardar su capital y garantiza que una sola operación no tenga un impacto desproporcionadamente negativo en su cartera general.

Las órdenes de stop-loss ayudan a los traders a superar los sesgos emocionales que pueden nublar el juicio durante las fluctuaciones del mercado. Al automatizar el proceso de salida, los traders eliminan el componente emocional de la toma de decisiones y confían en una estrategia predeterminada. Esto ayuda a los traders a ceñirse a su plan de gestión de riesgos y a evitar decisiones impulsivas e irracionales basadas en el miedo o la codicia.

Las órdenes de stop-loss son una herramienta eficaz de mitigación de riesgos. Permiten a los traders limitar las pérdidas potenciales en caso de eventos inesperados del mercado, caídas repentinas de precios o movimientos adversos de precios. Al implementar órdenes de stop- loss, los traders pueden definir su tolerancia al riesgo y protegerse del riesgo excesivo a la baja.

Un enfoque común es establecer niveles de stop-loss basados en un porcentaje del precio de entrada. Los traders determinan un porcentaje de pérdida tolerable que están dispuestos a aceptar y calculan el nivel de stop-loss correspondiente. Por ejemplo, si un operador establece un stop-loss del 5%, la orden se activará si el precio cae un 5% por debajo del precio de entrada.

Los traders pueden establecer niveles de stop-loss basados en niveles de soporte clave, líneas de tendencia o indicadores técnicos. Al identificar los niveles críticos de soporte y resistencia, los traders colocan órdenes de stop-loss ligeramente por debajo de los niveles clave para protegerse contra caídas significativas de precios. Este enfoque se alinea con las estrategias de análisis técnico y ayuda a los traders a salir de las posiciones si el mercado invalida su movimiento de precios anticipado.

Las órdenes de stop-loss basadas en la volatilidad consideran la volatilidad promedio de una criptomoneda para determinar el nivel de stop-loss apropiado. Los traders analizan los movimientos históricos de los precios y establecen niveles de stop-loss que tienen en cuenta las oscilaciones de precios esperadas. Este enfoque se adapta a la volatilidad inherente de las criptomonedas y ayuda a protegerse contra las fuertes fluctuaciones de precios. Los trailing stops son órdenes de stop-loss que se ajustan dinámicamente a medida que el precio se mueve a favor del trader. Cuando el precio aumenta, la orden trailing stop se mueve hacia arriba, manteniendo una distancia específica del precio de mercado actual. Esto permite a los traders capturar ganancias mientras se protegen contra posibles reversiones.

El escalado consiste en reducir gradualmente el tamaño de las posiciones y ajustar las órdenes de stop-loss a medida que la operación se mueve a favor del trader. Los traders aseguran las ganancias tomando ganancias parciales y ajustando los niveles de stop-loss mientras mantienen la exposición a posibles movimientos de precios adicionales. El escalado horizontal ayuda a los traders a gestionar el riesgo y asegurar los beneficios durante las ejecuciones de precios prolongadas.

La gestión eficaz de los riesgos comienza con el dimensionamiento adecuado de la posición. Los traders deben asignar una parte de su capital de trading a cada operación, teniendo en cuenta su tolerancia general al riesgo y la pérdida potencial asociada con el nivel de stop-loss. Al dimensionar las posiciones de forma adecuada, los traders limitan el impacto de cualquier operación en su cartera.

Si bien las órdenes de stop-loss brindan protección, es esencial contar con planes de contingencia para escenarios de mercado extremos. Los traders deben considerar escenarios en los que las órdenes de stop-loss pueden no ejecutarse como se esperaba debido a problemas de liquidez o brechas repentinas en el mercado. Contar con planes de contingencia garantiza que los operadores estén preparados para reaccionar y mitigar los riesgos de manera efectiva.

Los traders deben monitorear sus posiciones y el mercado en general para identificar posibles cambios en las condiciones del mercado, los fundamentos del proyecto o los desarrollos regulatorios. El monitoreo continuo ayuda a identificar señales que pueden requerir ajustar los niveles de stop-loss o tomar otras medidas de gestión de riesgos.

Control de las Emociones y Psicología del Trading

Operar en los mercados financieros es una tarea dinámica y compleja que requiere una comprensión profunda de la dinámica del mercado y la capacidad de controlar las emociones y tomar decisiones racionales bajo presión. El campo de las finanzas conductuales reconoce el importante papel que desempeñan las emociones y la psicología en los resultados del trading. Esta sección explorará la importancia del control de las emociones y la psicología del trading, examinará las emociones comunes que afectan a los traders, discutirá estrategias para gestionar las emociones y destacará los factores psicológicos clave que contribuyen al éxito del trading.

Las emociones pueden tener un profundo impacto en las decisiones y los resultados del trading. Las dos emociones principales que influyen significativamente en los traders son el miedo y la codicia. Estas emociones pueden nublar el juicio, distorsionar la percepción y conducir a una toma de decisiones irracional.

Los seres humanos experimentan miedo de forma natural ante la presencia de peligro o riesgo. El miedo suele surgir cuando nos enfrentamos a posibles pérdidas en el mercado o a la incertidumbre en el trading. Puede hacer que los traders salgan de posiciones prematuramente, pierdan oportunidades rentables o eviten asumir los riesgos necesarios. El miedo puede dar lugar a una mentalidad defensiva que dificulta la capacidad de tomar decisiones objetivas basadas en el análisis del mercado y el razonamiento racional.

Por otro lado, la codicia es un deseo intenso de obtener más riqueza o ganancias. Puede manifestarse en el deseo de los traders de maximizar las ganancias y, a menudo, conduce a tomar riesgos excesivos o a aferrarse a posiciones perdedoras con la esperanza de un cambio de rumbo. La codicia puede cegar a los traders a las realidades del mercado, haciéndolos vulnerables a decisiones impulsivas y comportamientos irracionales. Gestionar las emociones es crucial para el éxito del trading. Estas son algunas estrategias para gestionar eficazmente las emociones en el trading:

El primer paso para manejar las emociones es cultivar la autoconciencia. Los traders deben reconocer sus emociones y entender cómo influyen en su proceso de toma de decisiones. Esto implica prestar atención a los pensamientos, las sensaciones físicas y los patrones de comportamiento asociados con diferentes emociones. Al tomar conciencia de sus estados emocionales, los traders pueden tomar medidas para controlar y redirigir sus emociones de manera efectiva.

Un plan de trading bien definido actúa como una hoja de ruta para los traders, proporcionando estructura y orientación durante las actividades de trading. Describe puntos específicos de entrada y salida, estrategias de gestión de riesgos y criterios para tomar decisiones comerciales. Seguir un plan de trading reduce la toma de decisiones emocionales al proporcionar un enfoque sistemático del trading y eliminar las acciones impulsivas impulsadas por el miedo o la codicia.

Las expectativas poco realistas pueden alimentar emociones como la codicia o la frustración. Los traders deben establecer objetivos realistas y entender que el trading implica riesgos e incertidumbres. Al establecer expectativas alcanzables, los traders pueden centrarse en el proceso en lugar de centrarse únicamente en el resultado. Esto ayuda a gestionar las emociones y reduce la presión psicológica asociada al trading.
La gestión eficaz de los riesgos es crucial para el control emocional. Los traders deben determinar el tamaño adecuado de la posición, establecer órdenes de stop-loss para limitar las pérdidas potenciales y diversificar sus carteras. Al gestionar el riesgo, los traders pueden aliviar la ansiedad y el miedo, sabiendo que su exposición general está controlada.

La disciplina y la paciencia son virtudes esenciales en el trading. Los traders deben ceñirse a su plan de trading, evitar las acciones impulsivas y tener paciencia cuando esperen oportunidades de trading favorables. Las decisiones impulsivas y emocionales a menudo conducen a resultados subóptimos. Los traders pueden superar los sesgos emocionales y tomar decisiones racionales practicando la disciplina y la paciencia.

Más allá del control de las emociones, hay varios factores psicológicos que contribuyen al éxito del trading. Estos factores son esenciales para que los traders desarrollen un marco mental sólido y mantengan una mentalidad de trading saludable.

El trading implica inevitables altibajos. La capacidad de recuperarse de fracasos, contratiempos y períodos de bajo rendimiento se conoce como resiliencia mental. Los traders resilientes entienden que las pérdidas son parte del proceso de trading y no permiten que afecten su confianza o capacidad de toma de decisiones. Aprenden de sus errores, se adaptan y avanzan con resiliencia.

La autodisciplina es la capacidad de adherirse constantemente a un plan de trading y seguir reglas predeterminadas. Implica controlar los impulsos, ceñirse a las estrategias de gestión de riesgos y evitar la toma de decisiones emocionales. La autodisciplina ayuda a los traders a mantenerse enfocados y mantener un enfoque disciplinado para operar a pesar de las difíciles condiciones del mercado.
Los traders exitosos se acercan al mercado con una mentalidad objetiva. Basan sus decisiones en análisis exhaustivos, estudios de mercado e indicadores fiables en lugar de reacciones emocionales o impulsos especulativos. La objetividad permite a los traders tomar decisiones racionales basadas en hechos y datos en lugar de sesgos subjetivos.

El panorama del trading evoluciona constantemente, y los traders exitosos reconocen la importancia del aprendizaje y la adaptación continuos. Se mantienen informados sobre las tendencias del mercado, los indicadores económicos y las noticias que pueden afectar a sus operaciones. Los profesionales del trading pueden mejorar sus métodos, adaptarse a las condiciones cambiantes del mercado y mantenerse al tanto de las tendencias mediante el aprendizaje continuo.

CAPÍTULO VII

Técnicas Avanzadas de Trading

Trading de Margen y Posiciones Apalancadas

El trading con margen y las posiciones apalancadas son estrategias de trading avanzadas que permiten a los traders amplificar sus ganancias y pérdidas potenciales tomando prestados fondos de un bróker. Si bien estas estrategias pueden ser lucrativas, también conllevan riesgos significativos. En esta sección, exploraremos el concepto de trading con margen, discutiremos cómo funciona el apalancamiento, examinaremos los beneficios y desventajas de estas estrategias, profundizaremos en las técnicas de gestión de riesgos y proporcionaremos información práctica para operar con margen con éxito.

El trading con margen consiste en pedir prestados fondos a un bróker para negociar activos con un valor superior al capital inicial del trader. Permite a los operadores tomar posiciones más grandes en el mercado, lo que puede aumentar sus ganancias. Los fondos prestados, conocidos como margen, actúan como garantía de la cantidad prestada.

Los operadores deben crear una cuenta de margen con una agencia de corretaje que brinde estos servicios para poder participar en el comercio de margen. El bróker suele exigir a los traders que depositen un determinado porcentaje del valor de la operación, conocido como margen inicial. Este margen inicial sirve como protección para el corredor contra posibles pérdidas.

La relación entre los fondos prestados y el capital propio del trader se conoce como apalancamiento. Amplifica tanto las ganancias como las pérdidas potenciales. Por ejemplo, si un trader utiliza un apalancamiento de 1:10, puede controlar una posición que valga diez veces su capital inicial. Si bien esto magnifica las ganancias potenciales, también aumenta la exposición a pérdidas potenciales.

El apalancamiento puede variar según la clase de activo y las políticas del bróker. Los ratios de apalancamiento más altos ofrecen la posibilidad de obtener mayores rendimientos, pero también conllevan mayores riesgos. Los traders deben considerar cuidadosamente el ratio de apalancamiento que eligen y comprender sus implicaciones.

El trading con margen permite a los traders obtener exposición a posiciones más grandes con capital limitado. Los traders pueden maximizar sus ganancias si el mercado se mueve a su favor aprovechando sus inversiones.

El trading con margen abre oportunidades en varios mercados que, de otro modo, podrían ser inaccesibles debido a las limitaciones de capital. Los traders pueden explorar diferentes clases de activos y mercados para diversificar sus carteras y explotar las tendencias emergentes.

El trading con margen puede contribuir a la liquidez general del mercado al permitir a los traders participar en transacciones más grandes. El aumento de la liquidez puede dar lugar a mercados más eficientes y a diferenciales de oferta y demanda potencialmente más estrechos.

El principal inconveniente del trading con margen es la amplificación de las pérdidas. Si una operación se mueve contra una posición apalancada, las pérdidas pueden exceder el capital inicial del trader. Para reducir las posibles pérdidas, los traders deben evaluar cuidadosamente su tolerancia al riesgo y poner en práctica estrategias de gestión del riesgo.

El trading con margen implica un monitoreo continuo de las posiciones. Si el valor de la posición apalancada disminuye a un cierto nivel, el bróker puede emitir una llamada de margen, requiriendo que el trader agregue más fondos para cumplir con los requisitos de margen. De lo contrario, se puede producir una liquidación forzosa de la posición, lo que podría suponer pérdidas significativas.

Los traders deben establecer parámetros de riesgo claros antes de participar en el trading de margen. Esto incluye determinar la cantidad máxima de capital que se asignará a las operaciones de margen, establecer órdenes de stop-loss para limitar las pérdidas potenciales y definir el nivel aceptable de apalancamiento en función del apetito por el riesgo y las condiciones del mercado.

Los operadores de margen deben realizar un análisis exhaustivo del mercado para tomar decisiones comerciales informadas. Esto incluye el análisis de indicadores técnicos, el estudio de las tendencias del mercado y la consideración de los factores fundamentales que pueden afectar al precio del activo. Un análisis exhaustivo ayuda a los operadores a identificar oportunidades comerciales favorables y minimizar los riesgos.

El monitoreo continuo de las posiciones apalancadas es crucial en el trading de margen. Los traders deben estar atentos a las condiciones del mercado y a los requisitos de margen establecidos por el bróker. El monitoreo regular ayuda a los traders a mantenerse al tanto de los riesgos potenciales y tomar medidas oportunas si es necesario.

Las órdenes de stop-loss son herramientas esenciales de gestión de riesgos en el trading de margen. Permiten a los operadores salir automáticamente de una posición si el precio alcanza un nivel predeterminado, limitando las pérdidas potenciales. Los traders deben establecer órdenes de stop-loss en función de su tolerancia al riesgo e incorporarlas a sus estrategias de trading.

Antes de participar en el trading con margen, los traders deben invertir tiempo en aprender sobre las complejidades de estas estrategias. Deben comprender el concepto de apalancamiento, los requisitos de margen, las técnicas de gestión de riesgos y las reglas y políticas específicas del corredor que elijan.
Es prudente que los traders novatos comiencen con posiciones más pequeñas y ratios de apalancamiento más bajos. Esto les permite ganar experiencia y confianza en el trading de margen, al tiempo que limitan las pérdidas potenciales.

El trading con margen debe formar parte de una cartera bien diversificada. Los traders deben asignar su capital a diferentes clases de activos y emplear técnicas de gestión de riesgos, como la asignación de activos y el dimensionamiento de posiciones, para gestionar el riesgo general de la cartera.
Los traders deben evaluar regularmente su exposición al riesgo y el rendimiento de sus operaciones de margen. Esto implica analizar la rentabilidad de las operaciones,

revisar las estrategias de gestión de riesgos y ajustar los planes de negociación según sea necesario.

Estrategias de Trading de Arbitraje

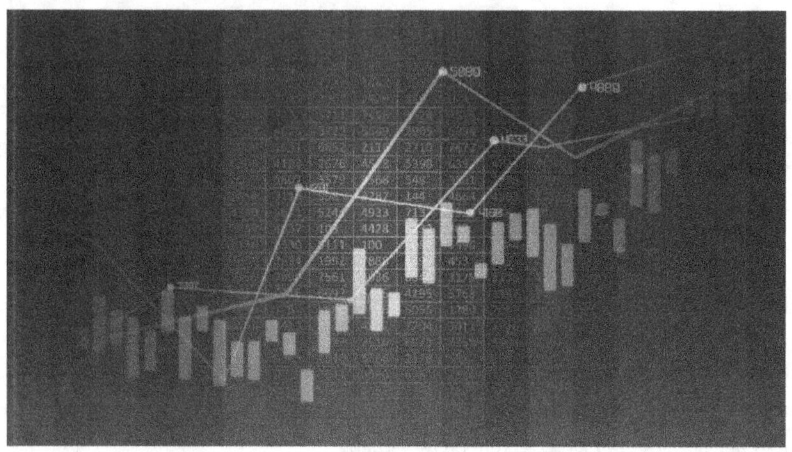

Las estrategias de trading como el arbitraje pueden ayudar a los inversores a beneficiarse de las discrepancias en el precio de los mismos activos o activos similares en otras bolsas o mercados. Al aprovechar estas ineficiencias temporales del mercado, los traders pretenden generar beneficios sin riesgo. En esta sección, exploraremos el concepto de trading de arbitraje, discutiremos varios tipos de estrategias de arbitraje, examinaremos los beneficios y desafíos asociados con el arbitraje y proporcionaremos ideas prácticas para el trading de
arbitraje exitoso.

El arbitraje es el proceso de explotar los diferenciales de precios de un mismo activo en diferentes mercados. Esta estrategia se basa en el principio de la ley del precio único, que establece que los activos idénticos deben tener el mismo valor independientemente de su ubicación o intercambio.

Los arbitrajistas intentan beneficiarse de las discrepancias de precios comprando y vendiendo simultáneamente el mismo activo en otros mercados para aprovechar la diferencia de precios. El objetivo es eliminar cualquier riesgo y generar un beneficio garantizado.

El arbitraje espacial implica explotar las diferencias de precios de un mismo activo en diferentes ubicaciones geográficas. Los traders identifican los activos que cotizan a diferentes precios en otras regiones y aprovechan la disparidad de precios comprando el activo en el mercado de menor precio y vendiéndolo en el mercado de mayor precio.

El arbitraje temporal se centra en explotar las diferencias de precios de un mismo activo en diferentes momentos. Los traders identifican los activos que han experimentado discrepancias de precios a lo largo del tiempo y capitalizan estas variaciones. Se benefician de la diferencia de precio comprando un activo a un precio barato y vendiéndolo a un precio más alto.

El arbitraje estadístico implica el uso de modelos cuantitativos y análisis estadísticos para identificar anomalías de precios en el mercado. Los traders crean modelos que analizan datos históricos, correlaciones y patrones para identificar activos con precios incorrectos. A continuación, ejecutan operaciones basadas en las predicciones del modelo, con el objetivo de beneficiarse de la convergencia de los precios a su valor razonable. Uno de los beneficios clave del trading de arbitraje es el potencial de ganancias sin riesgo. Al capitalizar las discrepancias de precios, los traders pueden asegurar ganancias sin estar expuestos al riesgo del mercado. Esto hace que el arbitraje sea una estrategia atractiva para los traders con aversión al riesgo.

El arbitraje contribuye a la eficiencia del mercado al eliminar las discrepancias de precios y garantizar la valoración justa de los activos. La actividad de los arbitrajistas ayuda a alinear los precios en los diferentes mercados, lo que conduce a mecanismos de fijación de precios más eficientes.

El auge de las plataformas de trading avanzadas y el trading de alta frecuencia ha facilitado la ejecución de estrategias de arbitraje. Los sistemas de trading rápidos y eficientes permiten a los traders identificar y actuar sobre las discrepancias de precios en tiempo real, mejorando la eficacia del trading de arbitraje.

El trading de arbitraje tiene desafíos. La velocidad y la eficiencia de la ejecución son factores críticos para el éxito del arbitraje. Los traders deben tener acceso a datos de mercado en tiempo real, una sólida infraestructura de trading y capacidades de ejecución rápida para capitalizar los diferenciales de precios fugaces.

A medida que los mercados se han vuelto más eficientes, las oportunidades genuinas de arbitraje se han vuelto más raras. La competencia entre los arbitrajistas ha aumentado, lo que ha llevado a diferenciales más estrechos y márgenes de beneficio reducidos. Los traders necesitan escanear continuamente los mercados y adaptar sus estrategias para identificar oportunidades de arbitraje viables.

El éxito de las operaciones de arbitraje requiere una investigación y un análisis en profundidad. Los traders deben monitorear múltiples mercados, exchanges y activos para identificar discrepancias de precios. Las herramientas analíticas avanzadas y los algoritmos pueden ayudar a identificar posibles oportunidades de arbitraje.

Aunque el trading de arbitraje generalmente se considera de bajo riesgo, es esencial implementar estrategias de gestión de riesgos. Los traders deben establecer parámetros de riesgo claros, incluyendo el tamaño de la posición, las órdenes de stop-loss y la diversificación. La gestión de riesgos ayuda a protegerse contra eventos inesperados y minimiza las pérdidas potenciales.

La velocidad y la eficiencia son cruciales en el trading de arbitraje. Los operadores deben tener acceso a plataformas de negociación sólidas, datos de mercado fiables y capacidades de ejecución rápida. La implementación de tecnologías comerciales avanzadas y la utilización de servicios de coubicación pueden reducir la latencia y mejorar la eficiencia de la ejecución.

Las oportunidades de arbitraje pueden surgir y desaparecer rápidamente. Los operadores deben supervisar continuamente los mercados, realizar un seguimiento de los precios y ajustar sus estrategias en consecuencia. Los sistemas de monitoreo automatizados y las alertas pueden ayudar a identificar y capitalizar las oportunidades de corta duración.

Trading Algorítmico y Bots de Trading

El trading algorítmico y los bots de trading han revolucionado los mercados financieros, permitiendo a los traders ejecutar operaciones con una velocidad y eficiencia sin precedentes. Esta sección explora el concepto de trading algorítmico, discute los beneficios y desafíos asociados con este enfoque, examina el papel de los bots de trading y proporciona información práctica para la implementación exitosa de estrategias de trading algorítmico.

El trading algorítmico, o trading algorítmico, utiliza algoritmos informáticos para automatizar las decisiones de trading y ejecutar órdenes en los mercados financieros. Estos algoritmos analizan los datos del mercado, identifican patrones y toman decisiones comerciales basadas en reglas y estrategias predefinidas. El trading algorítmico se basa en la velocidad, la precisión y la capacidad de procesar grandes cantidades de datos en tiempo real.

Los algoritmos utilizados en el trading algorítmico pueden basarse en diversas metodologías, como el análisis técnico, los modelos estadísticos, el aprendizaje automático o una combinación de estos enfoques. Los traders programan estos algoritmos para ejecutar operaciones automáticamente, eliminando la intervención humana y las emociones de las operaciones.

El trading algorítmico permite a los traders ejecutar operaciones a una velocidad y frecuencia que sería imposible para los traders humanos. Los algoritmos pueden analizar los datos del mercado y tomar decisiones comerciales en milisegundos, lo que permite a los operadores capitalizar las oportunidades fugaces del mercado y reaccionar rápidamente a las condiciones cambiantes del mercado.

El trading algorítmico elimina la posibilidad de error humano en las decisiones de trading. Los algoritmos siguen reglas predefinidas y ejecutan operaciones basadas en criterios objetivos, reduciendo el impacto de las emociones y los sesgos cognitivos. Esto da como resultado estrategias de trading más disciplinadas y consistentes.

Los algoritmos pueden dividir automáticamente las órdenes grandes en tamaños más pequeños y manejables y ejecutarlas en múltiples exchanges o lugares. Esto ayuda a los operadores a lograr una mejor ejecución de las operaciones al acceder a liquidez de diversas fuentes y minimizar el impacto en el mercado.

El trading algorítmico permite a los traders realizar pruebas retrospectivas de sus estrategias utilizando datos históricos del mercado. Al simular operaciones y evaluar el rendimiento, los operadores pueden optimizar sus algoritmos para mejorar la rentabilidad y la gestión del riesgo. El backtesting ayuda a los traders a ganar confianza en sus estrategias antes de implementarlas en el trading en vivo.

El trading algorítmico permite a los traders diversificar sus carteras en diferentes activos, mercados y estrategias. La ejecución automatizada permite a los operadores manejar mayores volúmenes de operaciones y administrar múltiples posiciones simultáneamente, escalando sus actividades comerciales de manera más eficiente.

El trading algorítmico se basa en una infraestructura de trading robusta y de alta velocidad, que incluye conectividad de baja latencia, fuentes de datos fiables y sistemas de ejecución avanzados. Los traders deben invertir en tecnología y mantener un entorno de trading estable y seguro.

Si bien el trading algorítmico puede ser altamente rentable, no es inmune a los riesgos. Las rápidas fluctuaciones del mercado, los fallos del sistema y los acontecimientos imprevistos pueden afectar a las estrategias algorítmicas. Los traders deben gestionar cuidadosamente el riesgo e implementar salvaguardas para protegerse contra posibles pérdidas.

El desarrollo de estrategias de trading algorítmico efectivas requiere análisis cuantitativo, codificación y experiencia en el mercado financiero. Los traders deben monitorear y adaptar continuamente sus algoritmos a las condiciones cambiantes del mercado, asegurando que las estrategias sigan siendo relevantes y rentables.

El trading algorítmico está sujeto a requisitos regulatorios y obligaciones de cumplimiento. Los operadores deben cumplir con las reglas y regulaciones del mercado que rigen las actividades de negociación algorítmica, incluidos los controles de riesgo, la presentación de informes y las obligaciones de monitoreo.

Los bots de trading son programas informáticos que realizan operaciones de forma automática de acuerdo con reglas y algoritmos preestablecidos. Estos bots pueden diseñarse para operar en diversas condiciones de mercado, que van desde simples estrategias basadas en reglas hasta sofisticados algoritmos de aprendizaje automático. Los bots de trading ofrecen varias ventajas:

Los bots de trading pueden monitorear el mercado las 24 horas del día, los 7 días de la semana, escaneando oportunidades de trading y ejecutando operaciones sin intervención humana. Esto elimina la necesidad de que los operadores supervisen el mercado manualmente constantemente.

Los bots pueden ejecutar operaciones a alta velocidad, aprovechando las estrategias algorítmicas para capitalizar las ineficiencias del mercado. Como resultado, los operadores pueden ejecutar operaciones rápidamente y beneficiarse de los cambios de precios a corto plazo.

Los bots de trading operan en base a reglas y algoritmos predefinidos, eliminando los sesgos emocionales del proceso de trading. Esto conduce a decisiones comerciales más disciplinadas y consistentes.

El rendimiento y la estrategia de los bots se pueden evaluar utilizando datos históricos a través de backtesting. Esto ayuda a los traders a refinar sus algoritmos y mejorar su rentabilidad.

Los traders deben investigar y desarrollar a fondo sus estrategias de trading algorítmico. Deben comprender los principios subyacentes, seleccionar las metodologías apropiadas y definir reglas y parámetros de riesgo claros. Probar y refinar las estrategias antes de implementarlas en el trading en vivo es crucial.

Los traders deben invertir en una infraestructura de trading fiable y de alta velocidad para apoyar las actividades de trading algorítmico. Esto incluye conectividad de baja latencia, fuentes de datos estables y sistemas de ejecución eficientes. Se deben implementar medidas de redundancia para minimizar el tiempo de inactividad y las fallas del sistema.

La gestión eficaz del riesgo es esencial en el trading algorítmico. Los traders deben implementar controles de riesgo, como el tamaño de la posición, las órdenes de stop-loss y la diversificación de la cartera. El monitoreo y la evaluación regulares de las métricas de rendimiento son cruciales para identificar y gestionar los riesgos.

Los operadores deben cumplir con los requisitos reglamentarios y las obligaciones de cumplimiento asociadas con el comercio algorítmico. Deben mantenerse actualizados sobre los cambios regulatorios y asegurarse de que sus actividades comerciales se alineen con las reglas y pautas aplicables.

Social Trading y Copy Trading

Como enfoques innovadores en los mercados financieros, el trading social y el copy trading permiten a los traders beneficiarse del conocimiento acumulado de una comunidad. Estas plataformas permiten a los operadores conectarse, compartir información y replicar las operaciones de los operadores exitosos. En esta sección, exploraremos el concepto de trading social y copy trading, discutiremos sus beneficios y desafíos, examinaremos el papel de la tecnología en la habilitación de estas prácticas y proporcionaremos ideas prácticas para una participación exitosa en estas plataformas.

El trading social implica compartir ideas, estrategias y conocimientos de trading entre una comunidad de traders. Permite a los operadores interactuar entre sí, seguir las operaciones de personas exitosas y discutir las tendencias y oportunidades del mercado. Las plataformas de trading social facilitan este intercambio de información y permiten a los traders aprender de las experiencias de los demás.

Por otro lado, el copy trading es un subconjunto del trading social que permite automáticamente a los traders replicar las operaciones exitosas de los traders. En las plataformas de copy trading, los traders pueden optar por asignar una parte de su capital para imitar las operaciones ejecutadas por traders seleccionados. Las operaciones se replican en tiempo real, lo que permite a los operadores beneficiarse de la experiencia y el rendimiento de otros.

Las plataformas de trading social proporcionan un entorno de aprendizaje único en el que los traders pueden interactuar con personas experimentadas. Los traders novatos pueden obtener información sobre las tendencias del mercado, las estrategias y las técnicas de gestión de riesgos de los traders experimentados. Este intercambio de conocimientos fomenta un entorno de aprendizaje colaborativo que puede acelerar la curva de aprendizaje de un trader.

Las plataformas de trading social dan a los traders acceso a varios expertos y traders exitosos. Al seguir y replicar las operaciones de estas personas, los operadores pueden aprovechar la experiencia y las estrategias de profesionales experimentados. Este acceso a los conocimientos de los expertos puede ser especialmente valioso para los traders que son nuevos en los mercados o que buscan diversificar sus enfoques de trading.
El copy trading elimina la necesidad de que los traders lleven a cabo una investigación y un análisis exhaustivos de forma independiente. La investigación de mercado, la ejecución de operaciones y el monitoreo se pueden realizar de manera más rápida y eficiente copiando las operaciones de los operadores exitosos. Esta eficiencia del tiempo permite a los traders centrarse en otros

aspectos de sus estrategias de trading o participar en oportunidades de aprendizaje adicionales.

El trading social y el copy trading permiten a los traders diversificar sus carteras siguiendo a múltiples traders con diferentes estilos y estrategias de trading. La diversificación puede distribuir el riesgo y reducir el impacto del rendimiento de un solo operador en la cartera general. Al copiar las operaciones de varios operadores exitosos, los operadores pueden lograr un enfoque comercial equilibrado y diversificado.

El copy trading elimina los sesgos emocionales del proceso de trading. Los traders pueden evitar tomar decisiones impulsivas impulsadas por el miedo o la codicia confiando en las decisiones de trading de los traders exitosos. Copiar operaciones basadas en reglas y estrategias predefinidas ayuda a mantener la disciplina y la objetividad en el proceso de negociación.

Si bien el trading social y el copy trading ofrecen beneficios, también conllevan riesgos inherentes. Los traders deben gestionar cuidadosamente su exposición al riesgo y tener en cuenta factores como el historial de rendimiento, la tolerancia al riesgo y el estilo de trading de los traders que eligen copiar. Es crucial establecer parámetros de riesgo adecuados y asignar el capital de manera inteligente para mitigar las pérdidas potenciales. El éxito del trading social y el copy trading depende de la transparencia y exactitud de la información proporcionada por los traders a los que se sigue. Los traders deben asegurarse de que los datos de rendimiento, el historial de trading y las métricas de riesgo de los traders que siguen son precisos y fiables. Los procesos de verificación y los sistemas de reputación implementados por las plataformas de trading social juegan un papel crucial en el establecimiento de la confianza entre los traders.

Copiar operaciones en tiempo real significa que los traders están expuestos a las mismas condiciones del mercado y a las posibles fluctuaciones de precios que los traders a los que siguen. La volatilidad y el momento del mercado pueden afectar significativamente los resultados de las operaciones copiadas. Los traders deben ser conscientes de estos factores y considerar cuidadosamente los riesgos potenciales asociados con la replicación de operaciones durante períodos de mercado volátiles.

El copy trading puede llevar a una dependencia excesiva del rendimiento de los demás. Los traders deben recordar que el rendimiento pasado no es necesariamente indicativo de resultados futuros. Es esencial realizar investigaciones y análisis independientes, comprender las estrategias que se copian y evaluar continuamente el rendimiento de los operadores.

El rápido avance de la tecnología ha sido fundamental en el crecimiento y la popularidad de las plataformas de comercio social y copy trading. Estas plataformas aprovechan algoritmos sofisticados, análisis de datos e interfaces fáciles de usar para facilitar la interacción y la replicación fluidas de las operaciones.

Las plataformas de trading social ofrecen una serie de características que mejoran la experiencia del usuario. Estas características incluyen la copia de operaciones en tiempo real, estadísticas de rendimiento, métricas de riesgo y herramientas de comunicación para que los operadores compartan información e interactúen. Las interfaces fáciles de usar facilitan a los operadores la búsqueda y el seguimiento de los operadores exitosos y el acceso a la información relevante necesaria para la toma de decisiones informadas.

Las plataformas de trading social analizan grandes cantidades de datos para identificar a los traders exitosos, evaluar el rendimiento y generar información. Estas plataformas emplean algoritmos avanzados y modelos estadísticos para realizar un seguimiento de los patrones de negociación, los rendimientos ajustados al riesgo y otras métricas clave. El análisis de datos ayuda a los traders a identificar a los traders con un rendimiento constante y a refinar sus propias estrategias de trading.

Las plataformas de trading social a menudo proporcionan herramientas de gestión de riesgos que permiten a los traders establecer órdenes de stop-loss, asignar capital y definir parámetros de riesgo. Estas herramientas ayudan a los traders a gestionar el riesgo de forma eficaz y a proteger su capital. La integración de herramientas de gestión de riesgos dentro de las plataformas garantiza que los operadores puedan implementar controles de riesgo adecuados al copiar operaciones.

A la hora de elegir a los traders a los que seguir o copiar, los traders deben tener en cuenta factores como el rendimiento histórico, las métricas de riesgo, el estilo de trading y la experiencia en el mercado. Es crucial evaluar la consistencia y la fiabilidad del rendimiento de un trader a lo largo del tiempo, en lugar de centrarse únicamente en las ganancias a corto plazo. Diversificar la selección de traders también puede ayudar a mitigar el riesgo y lograr una cartera equilibrada.

Los traders deben monitorear regularmente el rendimiento de los traders que siguen o copian. Es crucial evaluar si las operaciones copiadas se alinean con los propios objetivos comerciales y la tolerancia al riesgo. La evaluación constante ayuda a identificar a los traders de bajo rendimiento y a realizar los ajustes necesarios en la cartera copiada.

Si bien el copy trading puede ahorrar tiempo y esfuerzo, los traders solo deben separarse parcialmente del proceso de trading. La participación activa en los mercados, la realización de investigaciones independientes y mantenerse actualizado sobre las tendencias del mercado son esenciales para comprender el contexto y los riesgos asociados con las operaciones de copia.

La gestión eficaz del riesgo es fundamental en el trading social y el copy trading. Los traders deben establecer parámetros de riesgo adecuados, asignar el capital sabiamente y diversificar sus carteras de operaciones copiadas. Los controles de riesgo, como las órdenes de stop-loss, pueden ayudar a limitar las pérdidas potenciales y proteger el capital.

CAPÍTULO VIII

Evaluación y Selección de Criptomonedas

Investigación y Análisis de Criptomonedas

Las criptomonedas han revolucionado el panorama financiero, ofreciendo activos digitales descentralizados y sin fronteras con el potencial de independencia financiera e innovación. Es más importante que los comerciantes e inversores cuenten con métodos eficientes de investigación y análisis a medida que aumenta la popularidad de las criptomonedas. Esta sección profundiza en el mundo de la investigación y el análisis de las criptomonedas, discutiendo los factores fundamentales, el análisis técnico y los indicadores de mercado que pueden ayudar a tomar decisiones de inversión informadas.

Investigar y analizar las criptomonedas implica examinar exhaustivamente varios aspectos de un activo digital específico. Este proceso va más allá de simplemente mirar el precio y las tendencias del mercado; Abarca un profundo conocimiento de la tecnología subyacente, los fundamentos del proyecto, la dinámica del mercado y el sentimiento de los inversores. Los inversores pueden adquirir información importante sobre el valor potencial y las perspectivas futuras de una criptomoneda mediante la realización de una investigación y un análisis exhaustivos. El análisis fundamental comienza con la comprensión de la tecnología detrás de una criptomoneda y su caso de uso en el mundo real. La evaluación de la tecnología blockchain subyacente, los mecanismos de consenso, la escalabilidad y las características de seguridad puede ayudar a evaluar la viabilidad a largo plazo y la posible adopción de una criptomoneda.

El éxito de un proyecto de criptomoneda está muy influenciado por el equipo que trabaja en él. La investigación de la experiencia, las credenciales y el historial del equipo de desarrollo puede proporcionar información sobre su capacidad para ejecutar los objetivos del proyecto. Además, evaluar el tamaño y el compromiso de la comunidad que rodea a una criptomoneda puede medir su nivel de apoyo y potencial de crecimiento.

Las asociaciones con empresas e instituciones establecidas pueden aumentar la credibilidad y la adopción de una criptomoneda. El análisis de las alianzas y colaboraciones estratégicas puede proporcionar información sobre el alcance potencial del mercado de la criptomoneda y su integración dentro de los ecosistemas existentes.

Comprender el panorama competitivo de una criptomoneda es esencial. El análisis de los proyectos de la competencia, sus características y su posicionamiento en el mercado puede ayudar a evaluar la propuesta de valor única de una criptomoneda y su potencial de adopción en el mercado.

El análisis técnico implica el estudio de los datos históricos de precios y la identificación de tendencias, patrones y formaciones de gráficos. Este análisis ayuda a identificar los niveles de soporte y resistencia, las líneas de tendencia y las posibles reversiones de precios. Al examinar los movimientos de precios, los traders pueden hacer predicciones sobre el comportamiento futuro de los precios.

Los indicadores técnicos y los osciladores proporcionan información adicional sobre las tendencias y el impulso del mercado. Estas herramientas, como las medias móviles, el índice de fuerza relativa (RSI) y los osciladores estocásticos, ayudan a identificar las condiciones de sobrecompra o sobreventa y los posibles cambios de tendencia.

Analizar el volumen de operaciones es crucial en el análisis técnico. El volumen proporciona información sobre la participación en el mercado y la fuerza de los movimientos de precios. Un volumen alto durante las subidas o bajadas de precios puede confirmar la validez de una tendencia, mientras que un volumen bajo puede indicar una falta de interés en el mercado o un posible cambio de tendencia.

Los patrones de velas ofrecen información valiosa sobre el sentimiento del mercado y las posibles reversiones de precios. Los patrones como el doji, el martillo y los patrones envolventes proporcionan información sobre los cambios en la dinámica de la oferta y la demanda.

La capitalización de mercado es un indicador clave del tamaño y el valor relativo de una criptomoneda en el mercado. Se determina multiplicando el precio actual por la oferta total de tokens o monedas. La capitalización de mercado proporciona una instantánea del valor total de la criptomoneda y se puede utilizar para comparaciones con otras criptomonedas.

El número total de acciones o tokens negociados dentro de un período de tiempo determinado se denomina volumen de negociación. Un volumen de negociación alto indica liquidez en el mercado y participación activa, mientras que un volumen bajo puede indicar una falta de interés o una actividad reducida en el mercado.

El seguimiento de las plataformas de redes sociales y los medios de comunicación puede proporcionar información sobre el sentimiento de los inversores y las tendencias del mercado. El sentimiento positivo o negativo expresado por la comunidad o figuras influyentes puede afectar el precio y la adopción de una criptomoneda.

Los desarrollos regulatorios y los marcos legales tienen un impacto significativo en el mercado de las criptomonedas. El seguimiento de los anuncios normativos y las consideraciones legales puede ayudar a evaluar los posibles riesgos y retos a los que puede enfrentarse una criptomoneda.

Es esencial evaluar la seguridad de la tecnología subyacente de una criptomoneda, incluidas las vulnerabilidades y los posibles riesgos de piratería. Además, comprender el nivel de descentralización y los mecanismos de gobernanza puede ayudar a evaluar la resiliencia de un proyecto de criptomonedas.

Los mercados de criptomonedas son conocidos por su volatilidad, que presenta tanto oportunidades como riesgos. Los traders e inversores deben considerar el potencial de fluctuaciones significativas de precios e implementar estrategias de gestión de riesgos, como órdenes de stop-loss y un tamaño adecuado de la posición.

La liquidez es vital en el comercio de criptomonedas. Los mercados poco negociados o ilíquidos pueden desafiar la ejecución de operaciones a los precios deseados. El análisis de los volúmenes de negociación, los libros de órdenes y la profundidad del mercado puede ayudar a evaluar la liquidez de una criptomoneda y los posibles riesgos de deslizamiento.

Los desarrollos regulatorios y las incertidumbres legales pueden afectar el mercado de criptomonedas. Los comerciantes e inversores deben mantenerse actualizados sobre los cambios regulatorios y considerar las posibles implicaciones legales y los requisitos de cumplimiento asociados con una criptomoneda.
Confiar en múltiples fuentes confiables de información y análisis ayuda a evitar sesgos y proporciona una perspectiva más amplia. La combinación de varios recursos, como sitios web de noticias sobre criptomonedas, plataformas de análisis técnico y foros comunitarios, puede ofrecer una comprensión completa de una criptomoneda.

Los mercados de criptomonedas son dinámicos y están en constante evolución. Mantenerse actualizado sobre las tendencias del mercado, los avances tecnológicos y los desarrollos regulatorios es crucial para una investigación y un análisis efectivos. Participar en comunidades en línea, asistir a conferencias de la industria y leer documentos técnicos puede proporcionar información valiosa.

El uso de herramientas y plataformas analíticas diseñadas explícitamente para la investigación y el análisis de criptomonedas puede agilizar el proceso. Estas herramientas a menudo brindan acceso a datos históricos, capacidades de gráficos, indicadores técnicos y funciones de análisis de sentimientos.

Establecer una estrategia de gestión de riesgos bien definida es vital en la inversión y el comercio de criptomonedas. Establecer puntos de entrada y salida claros, implementar órdenes de stop-loss y diversificar la cartera en diferentes criptomonedas puede ayudar a gestionar la exposición al riesgo de forma eficaz.

Evaluación de la Tokenómica y la Utilidad

En el mundo de las criptomonedas, la tokenómica se refiere a la estructura económica y el diseño de un token de criptomoneda. La tokenómica abarca varios factores, como la utilidad, la distribución, la dinámica de la oferta, los mecanismos de gobernanza y los incentivos del token. La evaluación de la tokenómica es crucial para los inversores y participantes en el ecosistema de las criptomonedas, ya que proporciona información sobre la propuesta de valor de un token y su posible viabilidad a largo plazo. Esta sección explora el concepto de tokenómica, profundiza en la evaluación de la utilidad de los tokens y analiza las consideraciones clave para evaluar la dinámica económica de los tokens de criptomonedas.

Tokenomics se refiere al marco económico de un token de criptomoneda. Implica estudiar cómo se crean, distribuyen y utilizan los tokens dentro de un ecosistema blockchain específico. La tokenómica abarca varios elementos que contribuyen al valor y la utilidad general de un token.

La distribución de tokens se refiere a la asignación inicial de tokens y la distribución posterior a lo largo del tiempo. Examinar el modelo de distribución ayuda a evaluar factores como la equidad, la concentración de la propiedad y el impacto potencial en la dinámica del mercado.

El suministro de tokens y la tasa de inflación juegan un papel importante en la tokenómica. Comprender el suministro máximo de tokens, los mecanismos de inflación (si los hay) y los posibles mecanismos de quema de tokens proporciona información sobre la escasez de tokens y su disponibilidad futura.

Los mecanismos de gobernanza dictan cómo se toman las decisiones dentro de un ecosistema blockchain. Evaluar la estructura de gobernanza y el papel de los poseedores de tokens en los procesos de toma de decisiones ayuda a determinar el nivel de descentralización, transparencia y participación de la comunidad.

La tokenómica a menudo incluye mecanismos para incentivar y recompensar a los poseedores de tokens por su participación y contribuciones al ecosistema. Estos incentivos pueden incluir recompensas de participación, recompensas de participación en la red o descuentos en los servicios de la plataforma. Evaluar la efectividad de estos incentivos es crucial para comprender el valor potencial y la adopción de un token.

La utilidad del token se refiere a la funcionalidad y el propósito de un token de criptomoneda dentro de su ecosistema. Comprender la utilidad de un token es esencial para evaluar su valor potencial y sus perspectivas a largo plazo. Varios aspectos contribuyen a la utilidad de los tokens.

Muchas criptomonedas sirven como medio de intercambio, lo que permite a los usuarios realizar transacciones de valor dentro del ecosistema. Evaluar la aceptación y adopción de un token como medio de pago o intercambio es crucial para comprender su utilidad y potencial de uso generalizado.

Algunos tokens brindan acceso a plataformas o servicios específicos dentro de un ecosistema blockchain. Evaluar la utilidad de un token en términos de acceso y utilización de las características de la plataforma, como las aplicaciones descentralizadas (dApps) o los contratos inteligentes, ayuda a medir su propuesta de valor.

Los tokens a menudo otorgan a los titulares el derecho a participar en los procesos de gobernanza y toma de decisiones dentro del ecosistema. Evaluar el alcance de los derechos de voto y la influencia de los poseedores de tokens puede proporcionar información sobre el nivel de descentralización y participación de la comunidad.

Es esencial diferenciar entre tokens de utilidad y tokens de seguridad. Los tokens de utilidad están diseñados para proporcionar servicios específicos o acceso a plataformas, mientras que los tokens de seguridad representan la propiedad de un activo o empresa subyacente.

Comprender la distinción entre estos tipos de tokens es crucial para evaluar su utilidad y el cumplimiento de los marcos regulatorios.

El éxito de un token depende en gran medida de la demanda y la adopción del mercado. Evaluar el nivel de interés, la adopción por parte de los usuarios y las asociaciones dentro del ecosistema puede proporcionar información sobre el crecimiento potencial y la apreciación del valor de un token.

Evaluar qué tan bien se alinea la tokenómica con los objetivos y la visión del proyecto es crucial. Una estructura tokenómica bien diseñada debe incentivar los comportamientos deseados, promover el crecimiento del ecosistema y alinear los intereses de los participantes con el éxito del proyecto.

Los mecanismos de quema de tokens, en los que una parte de los tokens se retira permanentemente de la circulación, pueden tener un impacto positivo en el valor de los tokens al aumentar la escasez. Evaluar el cronograma de quema de tokens, la frecuencia y el impacto potencial en la dinámica del suministro es importante para comprender la propuesta de valor a largo plazo.

El cumplimiento de los marcos regulatorios es esencial para la viabilidad a largo plazo de un token. Evaluar si un token cumple con las regulaciones de valores, financieras y de protección al consumidor relevantes es crucial para evaluar sus riesgos potenciales e implicaciones legales.

Para ilustrar la evaluación de la tokenómica y la utilidad, es beneficioso examinar ejemplos del mundo real de tokens exitosos y su dinámica económica. Los estudios de casos como Ethereum (ETH), Binance Coin (BNB) y

Uniswap (UNI) pueden proporcionar información sobre cómo la tokenómica y la utilidad contribuyen a su éxito.

La tokenómica de Ethereum incluye ETH como el token nativo utilizado para las tarifas de transacción, la ejecución de contratos inteligentes y como medio de intercambio dentro del ecosistema Ethereum. La utilidad de ETH es fundamental para el funcionamiento de la cadena de bloques de Ethereum, lo que la convierte en un componente crítico del ecosistema de finanzas descentralizadas (DeFi).

El token nativo del exchange Binance, BNB, tiene una variedad de usos. Se puede utilizar para pagar las comisiones de trading, participar en la venta de tokens en Binance Launchpad y acceder a varios servicios dentro del ecosistema de Binance. La utilidad de BNB y su fuerte integración dentro de la plataforma Binance han contribuido a su adopción y apreciación del valor.

UNI es el token de gobernanza del exchange descentralizado (DEX) Uniswap. Los titulares de UNI tienen derecho a voto y pueden participar en las decisiones de gobernanza relacionadas con las actualizaciones de protocolos, las estructuras de tarifas y el desarrollo de plataformas. La utilidad de UNI como token de gobernanza se alinea con el espíritu descentralizado de Uniswap y la participación de la comunidad.

Los mercados de criptomonedas son conocidos por su volatilidad. El valor de los tokens puede verse considerablemente afectado por los cambios de precios, por lo que es crucial tener en cuenta los riesgos potenciales provocados por la volatilidad del mercado.

El panorama regulatorio que rodea a las criptomonedas está en constante evolución. Evaluar los posibles riesgos regulatorios y los requisitos de cumplimiento de un token es crucial para comprender sus perspectivas a largo plazo.

Es esencial evaluar la solidez técnica, la seguridad y la escalabilidad de una plataforma blockchain que admita un token. Comprender los riesgos asociados con las posibles vulnerabilidades, la congestión de la red o la falta de adopción puede proporcionar información sobre la viabilidad del token.

Comprender los Documentos Técnicos y las Hojas de Ruta

El comercio de criptomonedas requiere un conocimiento profundo de los proyectos en los que se invierte. Los documentos técnicos y las hojas de ruta desempeñan un papel vital en este proceso al proporcionar información valiosa sobre la visión, la tecnología y los planes de desarrollo de los proyectos de criptomonedas. Esta sección explorará la importancia de los documentos técnicos y las hojas de ruta, su papel en el comercio de criptomonedas y cómo ofrecen información esencial para evaluar los proyectos de manera efectiva.

Los libros blancos sirven como documentos completos que describen las especificaciones técnicas, las características y los objetivos de un proyecto de criptomonedas. Su objetivo es presentar el proyecto a posibles inversores, desarrolladores y a la comunidad en general. Al profundizar en los documentos técnicos, los operadores obtienen acceso a detalles técnicos detallados, explicaciones de tecnologías innovadoras y una comprensión del impacto potencial del proyecto en el mercado. Los documentos técnicos también proporcionan información sobre el análisis de mercado y los casos de uso que el proyecto pretende abordar, dando a los traders una imagen más clara de su público objetivo y su propuesta de valor.

Las hojas de ruta, por el contrario, ofrecen una representación visual de los hitos de desarrollo, el cronograma y los objetivos del proyecto. Sirven como planes estratégicos que describen los objetivos del proyecto y los pasos necesarios para alcanzarlos. Las hojas de ruta proporcionan transparencia y permiten a las partes interesadas realizar un seguimiento del progreso del proyecto a lo largo del tiempo. Al evaluar la hoja de ruta de un proyecto, los traders pueden evaluar su cumplimiento del cronograma descrito y evaluar su compromiso con la transparencia y la rendición de cuentas. Las hojas de ruta también permiten a los operadores obtener información sobre las diversas fases e hitos de desarrollo, como el lanzamiento de la red principal, la introducción de características clave, asociaciones o la expansión a nuevos mercados.

Para evaluar eficazmente los proyectos de criptomonedas, los traders deben tener en cuenta varios factores a la hora de analizar los documentos técnicos y las hojas de ruta:

Los documentos técnicos proporcionan información técnica detallada sobre la tecnología subyacente del proyecto, incluida la arquitectura de la cadena de bloques, los mecanismos de consenso, las soluciones de escalabilidad y las características de seguridad. Los comerciantes deben evaluar la viabilidad técnica de la solución propuesta y determinar si se ajusta a sus expectativas. La evaluación de los aspectos técnicos ayuda a determinar el potencial del proyecto para alcanzar los objetivos establecidos.

Los documentos técnicos a menudo presentan a los miembros del equipo y asesores del proyecto. Los traders deben evaluar cuidadosamente los conocimientos del equipo, su experiencia en el sector y su trayectoria. Un equipo competente y experimentado mejora la credibilidad del proyecto y aumenta la probabilidad de ejecución exitosa. Evaluar las cualificaciones y los antecedentes de los miembros del equipo y los asesores es crucial para determinar el potencial de éxito del proyecto.

Los documentos técnicos suelen incluir una sección de análisis de mercado que identifica el problema que el proyecto pretende resolver y presenta posibles casos de uso. Los traders deben evaluar el tamaño del mercado objetivo, el panorama competitivo y la propuesta de valor única del proyecto. Comprender el análisis de mercado ayuda a determinar si el proyecto ha identificado un nicho de mercado viable y si puede competir eficazmente con las soluciones existentes.

Los traders deben evaluar críticamente la hoja de ruta del proyecto para comprobar su realismo y su capacidad de realización. Es esencial evaluar los progresos realizados en relación con los hitos señalados. Los proyectos que cumplen o superan sistemáticamente sus objetivos de desarrollo demuestran una mayor fiabilidad y capacidad de ejecución. Evaluar el progreso del proyecto en relación con la hoja de ruta ayuda a los comerciantes a medir el compromiso del proyecto con sus objetivos declarados y su capacidad para cumplir sus promesas.

Identificación de Posibles Oportunidades de Inversión

Invertir en criptomonedas se ha convertido en una oportunidad lucrativa en el panorama financiero moderno, ya que ofrece posibles altos rendimientos y opciones de diversificación. Sin embargo, con miles de criptomonedas disponibles, identificar oportunidades de inversión prometedoras requiere un enfoque sistemático y un análisis exhaustivo. Esta sección explora el proceso de identificación de posibles oportunidades de inversión en el mercado de criptomonedas, profundizando en el análisis fundamental, la investigación de mercado, la evaluación de riesgos y la toma de decisiones estratégicas.

Antes de profundizar en la identificación de oportunidades de inversión, es crucial comprender el mercado de criptomonedas y su dinámica. El mercado de las criptomonedas es conocido por su volatilidad, liquidez y la aparición de nuevos proyectos. Los factores clave a tener en cuenta incluyen:

La capitalización de mercado refleja el valor total de una criptomoneda y se determina multiplicando el precio de un token por su suministro circulante. Indica el tamaño y el valor relativo de una criptomoneda en el mercado.

El seguimiento de las tendencias del mercado, incluidos los movimientos de precios, los volúmenes de negociación y el análisis del sentimiento, ayuda a medir el sentimiento general del mercado y la percepción de los inversores sobre las criptomonedas.

El panorama regulatorio que rodea a las criptomonedas varía a nivel mundial. Comprender el entorno regulatorio y las posibles implicaciones legales es crucial para evaluar los riesgos y oportunidades asociados con criptomonedas específicas.

El análisis fundamental es un componente crítico para identificar posibles oportunidades de inversión. Implica evaluar el valor intrínseco de una criptomoneda y las perspectivas a largo plazo en función de su tecnología subyacente, caso de uso, equipo, asociaciones y competencia en el mercado. Las consideraciones clave incluyen:

Evaluar la innovación tecnológica, la escalabilidad, la seguridad y el caso de uso en el mundo real de una criptomoneda es esencial. Comprender su propuesta de valor única y el potencial de adopción masiva es crucial para las perspectivas de inversión a largo plazo.

La experiencia, la trayectoria y el compromiso del equipo del proyecto juegan un papel vital en el éxito de una criptomoneda. La evaluación de la experiencia, las cualificaciones y el compromiso de la comunidad del equipo puede proporcionar información sobre su capacidad para ejecutar los objetivos del proyecto.
Las asociaciones con empresas, instituciones o actores de la industria establecidos pueden tener un impacto significativo en la credibilidad y la adopción de una criptomoneda. La evaluación de alianzas y colaboraciones estratégicas puede ayudar a medir el alcance potencial del mercado y la integración dentro de los ecosistemas existentes.

Analizar el panorama competitivo y distinguir los factores de una criptomoneda es esencial. La evaluación de los proyectos de la competencia, sus características y su posicionamiento en el mercado puede ayudar a identificar propuestas de valor únicas y ventajas potenciales.

El análisis técnico complementa el análisis fundamental mediante el estudio de datos históricos de precios, patrones gráficos e indicadores de mercado. Ayuda a identificar tendencias, niveles de soporte y resistencia, y posibles puntos de entrada y salida para las decisiones de inversión. Los elementos clave incluyen:

El análisis de los datos históricos de precios ayuda a identificar tendencias, patrones gráficos y posibles reversiones de precios. Identificar los niveles de soporte y resistencia y comprender la dinámica del mercado ayuda a determinar los puntos óptimos de entrada y salida.

Las medias móviles, los osciladores estocásticos y el índice de fuerza relativa (RSI) son ejemplos de indicadores técnicos que ofrecen diversas perspectivas sobre las tendencias y el impulso del mercado. Estas herramientas ayudan a identificar condiciones de sobrecompra o sobreventa y posibles cambios de tendencia.

El análisis del volumen de operaciones proporciona información sobre la participación en el mercado y la fuerza de los movimientos de precios. Un volumen alto durante las subidas o bajadas de precios confirma la validez de una tendencia, mientras que un volumen bajo puede indicar una falta de interés en el mercado o un posible cambio de tendencia.

El monitoreo de las plataformas de redes sociales, los medios de comunicación y las comunidades en línea puede proporcionar información sobre el sentimiento de los inversores y las tendencias del mercado. El sentimiento negativo o positivo expresado por la comunidad o figuras influyentes puede afectar el precio y la adopción de una criptomoneda.

La identificación de posibles oportunidades de inversión también requiere evaluar los riesgos asociados e implementar estrategias de mitigación de riesgos. Las consideraciones clave incluyen:

El mercado de las criptomonedas es conocido por su volatilidad. La evaluación de las posibles fluctuaciones de precios y la implementación de estrategias de gestión de riesgos, como las órdenes de stop-loss y la diversificación, ayudan a gestionar la exposición al riesgo de forma eficaz.

Evaluar las vulnerabilidades de seguridad, el cumplimiento normativo y los riesgos legales asociados a una criptomoneda es esencial. Comprender los riesgos y desafíos potenciales relacionados con la piratería, las estafas o los cambios en la normativa es crucial para la toma de decisiones informadas.

Evaluar la viabilidad, la escalabilidad y las capacidades de ejecución del proyecto es crucial. La evaluación del progreso y el cumplimiento de la hoja de ruta del proyecto, las actualizaciones de desarrollo y la participación de la comunidad pueden proporcionar información sobre el potencial de éxito del proyecto.

La liquidez es necesaria a la hora de considerar las oportunidades de inversión. Los mercados poco negociados o ilíquidos pueden presentar desafíos en la ejecución de operaciones a los precios deseados. El análisis de los volúmenes de negociación, los libros de órdenes y la profundidad del mercado ayuda a evaluar la liquidez y los posibles riesgos de deslizamiento.

Identificar posibles oportunidades de inversión es solo el primer paso. La implementación de un proceso de toma de decisiones estratégicas y la gestión de una cartera bien diversificada es crucial para el éxito a largo plazo. Los elementos clave incluyen:

Definir los objetivos de inversión, como el trading a corto plazo o la tenencia a largo plazo, ayuda a determinar las estrategias de inversión y los plazos adecuados.

Distribuir las inversiones entre diferentes criptomonedas, clases de activos y niveles de riesgo reduce la exposición a riesgos específicos y aumenta el potencial de rendimiento. La diversificación ayuda a gestionar el riesgo y optimizar los rendimientos.

Es esencial evaluar la tolerancia personal al riesgo y alinear las decisiones de inversión con el apetito de riesgo individual. Determinar el tamaño adecuado de la posición en función de la tolerancia al riesgo ayuda a gestionar las pérdidas potenciales y a optimizar los rendimientos.

El mercado de las criptomonedas es dinámico y evoluciona rápidamente. El aprendizaje continuo, mantenerse actualizado sobre las tendencias del mercado, los avances tecnológicos y los cambios regulatorios, y la adaptación de las estrategias de inversión son cruciales para el éxito a largo plazo.

CAPÍTULO IX

Mantenerse Informado y Adaptarse a los Cambios del Mercado

Fuentes de Noticias y Comunidades de Criptomonedas

El comercio de criptomonedas es un campo dinámico y en constante evolución, y mantenerse informado y conectado es crucial para navegar por las complejidades del mercado. Las fuentes de noticias y las comunidades de criptomonedas desempeñan un papel vital a la hora de proporcionar a los traders y entusiastas información actualizada, conocimientos del mercado y oportunidades de colaboración. Esta sección explorará la importancia de las fuentes de noticias y las comunidades de criptomonedas en el espacio de las criptomonedas, destacando su impacto en el conocimiento del mercado, el análisis y la participación de la comunidad.

En el vertiginoso mundo del comercio de criptomonedas, las fuentes de noticias dedicadas a las criptomonedas ofrecen información en tiempo real sobre la evolución del mercado, los cambios normativos y los avances tecnológicos. Al mantenerse actualizado con las últimas noticias, los operadores pueden tomar decisiones oportunas y adaptar sus estrategias a las condiciones cambiantes del mercado. Las fuentes de noticias de renombre también ofrecen análisis y comentarios de expertos, lo que proporciona información valiosa sobre las tendencias del mercado, los movimientos de precios y las posibles oportunidades de inversión. Este análisis en profundidad ayuda a los traders a comprender los factores subyacentes que impulsan la dinámica del mercado y a tomar decisiones comerciales informadas. Además, las fuentes de noticias cubren actualizaciones regulatorias, anuncios gubernamentales y desarrollos legales, lo que ofrece a los operadores claridad sobre los requisitos de cumplimiento y los posibles impactos en el mercado. Por último, dado que las criptomonedas están impulsadas por la innovación tecnológica, las fuentes de noticias cubren las tecnologías emergentes, los avances de blockchain y los desarrollos de las finanzas descentralizadas (DeFi), proporcionando a los traders conocimientos valiosos para identificar proyectos prometedores y oportunidades de inversión.
Las fuentes de noticias en el espacio de las criptomonedas se pueden clasificar en varios tipos. Los medios de comunicación financieros establecidos, como Bloomberg, Reuters y CNBC, ahora dedican una cobertura significativa a las criptomonedas. Estas fuentes proporcionan información, análisis y conocimientos

fiables tanto sobre las finanzas tradicionales como sobre el mercado de las criptomonedas. Además, las plataformas de noticias especializadas se centran únicamente en las criptomonedas y la tecnología blockchain. Plataformas como CoinDesk, Cointelegraph y CryptoSlate brindan cobertura en profundidad, opiniones de expertos y periodismo de investigación específico para la industria de las criptomonedas. Las plataformas de redes sociales, en particular Twitter y Reddit, también se han convertido en fuentes esenciales de noticias en tiempo real y participación de la comunidad. Los influencers de criptomonedas, los expertos de la industria y los equipos de proyectos a menudo comparten noticias, análisis y perspectivas, creando un ecosistema vibrante de intercambio de información.

Las comunidades de criptomonedas son cruciales para fomentar la colaboración, el intercambio de ideas y el intercambio de conocimientos. Los foros en línea como Bitcointalk y los subreddits de criptomonedas de Reddit permiten a las personas interactuar con entusiastas de ideas afines, buscar consejos y discutir las tendencias del mercado. Numerosos proyectos de criptomonedas tienen comunidades dedicadas donde los usuarios pueden comunicarse con otros inversores y el equipo de desarrollo en tiempo real. Estas comunidades ofrecen una comprensión más profunda de los objetivos del proyecto, las actualizaciones y las posibles oportunidades de inversión. Además, las comunidades de criptomonedas brindan recursos educativos, tutoriales y apoyo para los recién llegados. Interactuar con miembros experimentados de la comunidad ayuda a los recién llegados a navegar por las complejidades del mercado y aprender de las experiencias de los demás.

En el espacio de las criptomonedas, es crucial verificar la precisión de las fuentes de noticias y ejercitar las habilidades de pensamiento crítico. Las referencias cruzadas de información a través de múltiples fuentes acreditadas y la realización de investigaciones independientes garantizan la fiabilidad de las noticias y ayudan a evitar posibles desinformación o rumores. El desarrollo de habilidades de pensamiento crítico permite a los traders evaluar la credibilidad de las fuentes, considerar posibles sesgos y evaluar la evidencia y los argumentos de apoyo presentados. La búsqueda de opiniones de expertos puede proporcionar información valiosa, especialmente en situaciones complejas o inciertas. Interactuar con analistas, investigadores o asesores financieros de renombre ayuda a validar la información y comprender mejor las tendencias del mercado.

Seguimiento del Sentimiento del Mercado

El mundo del comercio de criptomonedas no solo está impulsado por números y gráficos, sino también por las emociones y creencias de los participantes del mercado. Comprender el sentimiento del mercado, que se refiere a la actitud emocional general de los traders e inversores hacia un activo o mercado en particular, es crucial para tomar decisiones comerciales informadas. Esta sección explorará la importancia de rastrear el sentimiento del mercado en el comercio de criptomonedas, los diversos métodos y herramientas disponibles para el análisis del sentimiento y cómo los comerciantes pueden aprovechar esta información para mejorar sus estrategias y resultados comerciales.

El sentimiento del mercado es importante para impulsar los movimientos de precios y determinar las tendencias

del mercado. Refleja las emociones y creencias colectivas de los traders e inversores, dando forma a sus decisiones de compra y venta. El sentimiento positivo del mercado a menudo conduce a una mayor actividad de compra, lo que hace que los precios suban, mientras que el sentimiento negativo puede desencadenar una presión de venta y hacer que los precios bajen. Al comprender y rastrear el sentimiento del mercado, los traders pueden obtener información valiosa sobre el sentimiento predominante del mercado y anticipar posibles
movimientos de precios.

Los artículos de noticias, las plataformas de redes sociales y los foros en línea son valiosas fuentes de información para el análisis de sentimientos. Al analizar el sentimiento de las noticias y monitorear plataformas como Twitter, Reddit y Telegram, los operadores pueden obtener una idea de la opinión pública y el sentimiento hacia criptomonedas específicas o el mercado en su conjunto. Las técnicas de procesamiento del lenguaje natural y las herramientas de análisis de sentimientos pueden ayudar a procesar e interpretar la gran cantidad de datos textuales disponibles.

Si bien los indicadores técnicos se centran principalmente en los datos de precios y volúmenes, algunos indicadores reflejan indirectamente el sentimiento del mercado. Por ejemplo, la convergencia y divergencia de la media móvil (MACD) y el índice de fuerza relativa (RSI) pueden revelar condiciones de sobrecompra o sobreventa y posibles fluctuaciones en el sentimiento. El análisis de volumen también puede ofrecer pistas sobre la fuerza de la presión de compra o venta, lo que puede reflejar cambios en el sentimiento.
Varios índices de sentimiento del mercado agregan datos de múltiples fuentes para proporcionar una lectura

general del sentimiento. Estos índices tienen en cuenta factores como las menciones en las redes sociales, el sentimiento de las noticias y el volumen de operaciones para medir el sentimiento de los participantes en el mercado. Algunos ejemplos son el Índice de Miedo y Avaricia de las Criptomonedas y el Índice de Volatilidad de las Criptomonedas.

Los traders contrarios utilizan el sentimiento del mercado como un indicador contrario. Creen que es probable que el mercado se revierta cuando el sentimiento se vuelve excesivamente positivo o negativo. Por ejemplo, si el sentimiento del mercado es abrumadoramente alcista, los traders contrarios pueden adoptar un enfoque cauteloso y considerar vender o tomar posiciones cortas. Por el contrario, pueden considerar tomar posiciones largas cuando el sentimiento es demasiado bajista.

El sentimiento del mercado puede actuar como una herramienta de confirmación de las tendencias existentes. Si el sentimiento se alinea con una tendencia en particular, puede proporcionar confianza adicional en la continuación de esa tendencia. Por ejemplo, si el sentimiento es abrumadoramente alcista y apoya una tendencia alcista de los precios, los traders pueden considerar la posibilidad de añadir posiciones largas o ajustar sus niveles de toma de beneficios.

Los cambios en el sentimiento del mercado pueden servir como señales de advertencia temprana de posibles cambios de tendencia o cambios en el mercado. El seguimiento del sentimiento puede ayudar a los traders a anticipar los principales movimientos de precios o a identificar periodos de mayor volatilidad del mercado. Al estar al tanto de los cambios en el sentimiento, los traders pueden ajustar sus estrategias en consecuencia y tomar medidas de protección para mitigar los riesgos potenciales.

Si bien el seguimiento del sentimiento del mercado puede ser valioso, también conlleva desafíos y consideraciones. El análisis de sentimientos es subjetivo y está influenciado por sesgos individuales. Además, los indicadores de sentimiento no son infalibles y pueden verse afectados por la manipulación del mercado o las señales falsas. Los traders deben abordar el análisis de sentimiento con precaución y considerarlo como una pieza del rompecabezas, integrándolo con otras herramientas de análisis técnico y fundamental para obtener una visión completa del mercado.

Adaptación de las Estrategias a la Volatilidad del Mercado

La volatilidad es una característica inherente al mercado de criptomonedas, con fluctuaciones de precios que pueden ser dramáticas y rápidas. Adaptar las estrategias a la volatilidad del mercado es esencial para los traders e inversores que buscan sortear los desafíos y capitalizar las oportunidades que presentan los movimientos de precios. Esta sección explora la importancia de la volatilidad del mercado, su impacto en las estrategias comerciales, las técnicas de gestión de riesgos y la importancia de la flexibilidad y la adaptabilidad en el dinámico mercado de criptomonedas.

El mercado de las criptomonedas es conocido por su volatilidad inherente, que se refiere a la variabilidad de los precios en un mercado financiero. En las criptomonedas, la volatilidad del mercado puede atribuirse a varios factores, como la especulación, el sentimiento de los inversores, la liquidez del mercado, la evolución de la normativa y la manipulación del mercado. Comprender la volatilidad del mercado es crucial, ya que influye en las estrategias de trading, la gestión de riesgos y el rendimiento general del trading.

La volatilidad del mercado afecta profundamente a las estrategias de trading, influyendo en la toma de decisiones, la gestión de riesgos y el rendimiento general del trading. La alta volatilidad del mercado presenta mayores oportunidades de trading, pero también conlleva un mayor riesgo. Los traders deben adaptar sus estrategias para tener en cuenta el impacto de la volatilidad en los indicadores de análisis técnico, los factores emocionales y el comportamiento de los inversores.

La adaptación exitosa a la volatilidad del mercado requiere la implementación de estrategias y técnicas de gestión de riesgos adecuadas. Los traders e inversores pueden sortear los desafíos y capitalizar las oportunidades diversificando sus carteras, ajustando el tamaño de las posiciones, utilizando órdenes de stop-loss y trailing stops, empleando estrategias basadas en la volatilidad y siendo flexibles con los plazos. Estas estrategias ayudan a gestionar el riesgo, optimizar los rendimientos y aprovechar los movimientos de precios durante los períodos de mayor volatilidad.

El mercado de las criptomonedas es dinámico y las condiciones del mercado pueden cambiar rápidamente. El aprendizaje y la adaptación continuos son vitales para los traders e inversores que buscan adaptarse a la volatilidad del mercado de manera efectiva. Es esencial perfeccionar continuamente las habilidades de análisis técnico, mantenerse actualizado sobre los factores fundamentales, evaluar la tolerancia al riesgo y monitorear regularmente las condiciones del mercado. Al adoptar una mentalidad de aprendizaje y adaptación continuos, los traders e inversores pueden tomar decisiones informadas y optimizar sus estrategias en respuesta a la dinámica cambiante del mercado.

Si bien la volatilidad del mercado plantea desafíos, también presenta oportunidades únicas para los traders e inversores. Los mercados volátiles ofrecen un potencial de ganancias para aquellos que pueden anticipar correctamente los movimientos de precios e implementar estrategias comerciales efectivas. Las ineficiencias del mercado pueden explotarse mediante el arbitraje o aprovechando las disparidades de precios entre los diferentes exchanges. Además, los períodos de volatilidad del mercado pueden ser una oportunidad para acumular activos a precios favorables y capitalizar el potencial de crecimiento a largo plazo.

Aprendizaje Continuo y Desarrollo de Habilidades

El mercado de las criptomonedas es un panorama dinámico y en rápida evolución que exige un aprendizaje continuo y el desarrollo de habilidades. Con los avances tecnológicos, los cambios regulatorios y las tendencias del mercado que dan forma a la industria, mantenerse a la vanguardia es esencial para los comerciantes, inversores y entusiastas. Esta sección explora la importancia del aprendizaje continuo y el desarrollo de habilidades en el mercado de las criptomonedas, destacando los beneficios, las estrategias y los recursos disponibles para fomentar el éxito en este ecosistema en constante cambio.

El proceso constante de adquirir nueva información, habilidades y perspectivas se conoce como aprendizaje continuo. En el mercado de las criptomonedas, donde la innovación y la disrupción son constantes, el aprendizaje continuo es fundamental por varias razones. En primer lugar, para tomar decisiones acertadas y mantenerse a la vanguardia, primero es importante mantenerse informado sobre las tendencias de la industria. En segundo lugar, el aprendizaje continuo permite a las personas adaptarse a la dinámica del mercado y navegar por los cambios tecnológicos, las regulaciones y las tendencias del mercado. En tercer lugar, ayuda a las personas a navegar por la complejidad del mercado de criptomonedas mediante la comprensión de las tecnologías subyacentes y la comprensión de los conceptos económicos y de gobernanza. Por último, el aprendizaje continuo mejora las habilidades de toma de decisiones, las habilidades de pensamiento crítico y las capacidades de evaluación de riesgos, que son esenciales para el éxito en el mercado de criptomonedas.

Desarrollar un enfoque estratégico para el aprendizaje continuo en el mercado de las criptomonedas es crucial. Se pueden emplear las siguientes estrategias para fomentar el crecimiento continuo y el desarrollo de habilidades. En primer lugar, establecer objetivos de aprendizaje proporciona dirección y motivación. Estos objetivos pueden incluir la adquisición de conocimientos sobre criptomonedas específicas, el aprendizaje de nuevas técnicas de análisis técnico o la comprensión de los desarrollos regulatorios. En segundo lugar, la diversificación de las fuentes de aprendizaje amplía las perspectivas y garantiza una educación integral. El uso de libros, cursos en línea, seminarios web, podcasts, conferencias de la industria y la participación en las comunidades de criptomonedas contribuye al aprendizaje continuo. En tercer lugar, seguir a los expertos de la industria y a las figuras influyentes dentro del espacio de las criptomonedas proporciona información valiosa y exposición a sus análisis y opiniones. En cuarto lugar, unirse a las comunidades de criptomonedas fomenta la colaboración, el intercambio de conocimientos y la exposición a diversas perspectivas. Participar en discusiones y hacer preguntas contribuye al aprendizaje continuo. Por último, experimentar con diferentes estrategias, enfoques de inversión y técnicas de gestión de riesgos ayuda a las personas a ampliar su conjunto de habilidades y adquirir experiencia práctica.

Hay numerosos recursos disponibles para apoyar el aprendizaje continuo y el desarrollo de habilidades en el mercado de las criptomonedas. Los libros y cursos en línea ofrecen un conocimiento profundo sobre diversos temas relacionados con las criptomonedas. Los seminarios web y talleres realizados por profesionales de la industria brindan experiencias de aprendizaje interactivas. Asistir a conferencias y eventos de criptomonedas ofrece oportunidades para aprender de expertos, establecer contactos con colegas y exponerse a las últimas tendencias y desarrollos. Los recursos en línea, como los sitios web de noticias sobre criptomonedas, los blogs y las publicaciones en línea de buena reputación, proporcionan información actualizada, análisis de mercado y contenido educativo.

Desarrollar una mentalidad de crecimiento es crucial para el aprendizaje continuo y el desarrollo de habilidades. La idea de que las habilidades y la inteligencia se pueden desarrollar a través del compromiso y el esfuerzo es lo que define una mentalidad de crecimiento. En el mercado de las criptomonedas, cultivar una mentalidad de crecimiento implica aceptar los desafíos, buscar comentarios, aceptar el fracaso y mantener la persistencia y la disciplina. Ver los desafíos como oportunidades de crecimiento fomenta la resiliencia y el afán de superar los obstáculos. La búsqueda de retroalimentación permite a las personas identificar áreas de mejora y refinar sus estrategias. Aceptar el fracaso como una oportunidad de aprendizaje fomenta la resiliencia y la adaptabilidad. La persistencia y la disciplina son necesarias para establecer un horario de aprendizaje regular y adoptar el aprendizaje permanente como un hábito.

Aplicar el aprendizaje continuo al mercado de las criptomonedas conduce a numerosos beneficios y aumenta las posibilidades de éxito. Al mantenerse actualizado con los desarrollos de la industria, adaptarse a la dinámica del mercado y mejorar continuamente el conocimiento y las habilidades, las personas pueden mejorar el rendimiento comercial y de inversión, navegar por la incertidumbre del mercado, construir una sólida red profesional y fomentar el crecimiento y la realización personal. Tomar decisiones informadas, adaptarse a las condiciones cambiantes del mercado y contribuir al avance de la industria son posibles gracias al aprendizaje continuo.

CAPÍTULO X

Advertencia de Riesgos y Consideraciones Legales

Comprender los Riesgos del Comercio de Criptomonedas

El comercio de criptomonedas ha ganado una gran popularidad en los últimos años, atrayendo a un número creciente de comerciantes e inversores. Sin embargo, es crucial comprender y gestionar los riesgos asociados a este mercado dinámico. La alta volatilidad, las incertidumbres regulatorias, las amenazas de ciberseguridad y la manipulación del mercado caracterizan el mercado de criptomonedas. Esta sección explora los riesgos involucrados en el comercio de criptomonedas, su impacto potencial y las estrategias para administrar y mitigar estos riesgos para garantizar una toma de decisiones informada y proteger las inversiones.

Uno de los principales riesgos del comercio de criptomonedas es la alta volatilidad y las fluctuaciones de precios. A diferencia de los mercados financieros tradicionales, la criptomoneda es conocida por sus oscilaciones extremas de precios en períodos cortos. El valor de las criptomonedas puede dispararse o desplomarse, lo que lleva a ganancias o pérdidas sustanciales para los comerciantes e inversores. La naturaleza volátil del mercado está influenciada por factores como el sentimiento del mercado, los desarrollos regulatorios, los avances tecnológicos y las condiciones económicas globales. Es crucial que los traders e inversores estén preparados para la volatilidad inherente y comprendan su impacto potencial en sus inversiones. Otro riesgo importante en el comercio de criptomonedas es el panorama regulatorio y legal. A medida que el mercado de las criptomonedas se expande y gana la atención de los gobiernos y los organismos reguladores, existe una incertidumbre continua con respecto a los marcos regulatorios que se aplicarán. Las diferentes jurisdicciones tienen diferentes regulaciones, y los cambios en las regulaciones o políticas gubernamentales pueden afectar significativamente el sentimiento del mercado, la liquidez y las actividades comerciales. Los operadores e inversores deben mantenerse actualizados sobre los desarrollos regulatorios y cumplir con los requisitos de cumplimiento para mitigar los riesgos regulatorios.

La naturaleza descentralizada de las criptomonedas introduce riesgos de seguridad y ciberseguridad. Los

intercambios y billeteras de criptomonedas pueden ser objetivos atractivos para los piratas informáticos y los ciberdelincuentes que buscan explotar las vulnerabilidades. Se han producido incidentes de piratería, robo y fraude, lo que ha provocado importantes pérdidas financieras para las personas. La implementación de medidas de seguridad sólidas para proteger las inversiones y la información personal es crucial. Esto incluye el uso de exchanges de buena reputación con protocolos de seguridad sólidos, la
utilización de billeteras de hardware para el almacenamiento fuera de línea de criptomonedas y la práctica de una buena higiene de ciberseguridad, como actualizar regularmente el software, usar contraseñas seguras y tener cuidado con los intentos de phishing.

La manipulación del mercado es otro riesgo importante en el mercado de criptomonedas. Las criptomonedas son propensas a numerosos tipos de manipulación del mercado debido a su pequeño tamaño y a la falta de regulaciones. Prácticas como los esquemas de bombeo y descarga, la suplantación de identidad y el comercio de lavado pueden inflar o desinflar artificialmente los precios, lo que genera señales engañosas en el mercado. Los traders deben tener precaución y realizar una investigación exhaustiva para evitar ser víctimas de la manipulación del mercado. Confiar en fuentes de información confiables, analizar las tendencias y patrones del mercado y estar al tanto de las actividades sospechosas puede ayudar a mitigar el riesgo de manipulación del mercado.

La facilidad con la que se puede comprar o vender una criptomoneda sin tener un gran impacto en su precio se conoce como riesgo de liquidez. Algunas criptomonedas, especialmente aquellas con menor capitalización de mercado, pueden tener una liquidez más baja, lo que dificulta la entrada o salida de posiciones rápidamente. Los mercados ilíquidos pueden dar lugar a deslizamientos y a un aumento de los costes de negociación. Los traders e inversores deben tener en cuenta los riesgos de liquidez a la hora de seleccionar las criptomonedas y comprender el impacto potencial en sus estrategias de trading. Es importante evaluar el volumen de operaciones, la profundidad del libro de órdenes y la presencia de creadores de mercado para evaluar con precisión las condiciones de liquidez.

Los riesgos operativos y técnicos son inherentes al ecosistema de las criptomonedas. Las interrupciones de los exchanges, los fallos técnicos y la congestión de la red pueden afectar a las actividades de trading y al acceso a los fondos. Además, los errores humanos, como el extravío de claves privadas o el olvido de contraseñas, pueden provocar la pérdida irreversible de fondos. La selección de intercambios de buena reputación con un historial de confiabilidad, la implementación de protocolos de seguridad adecuados y el mantenimiento de copias de seguridad de las claves privadas son esenciales para minimizar los riesgos operativos y técnicos. Mantenerse actualizado con las últimas prácticas de seguridad y avances tecnológicos es crucial para mitigar dichos riesgos.

Gestionar y mitigar los riesgos en el comercio de criptomonedas es crucial para proteger las inversiones y minimizar las posibles pérdidas. Las siguientes estrategias pueden ayudar a los traders e inversores a navegar por los riesgos asociados con este mercado:

Una investigación exhaustiva es esencial antes de invertir en cualquier criptomoneda. Comprender los fundamentos del proyecto, el equipo, las asociaciones y la posible adopción en el mercado puede ayudar a evaluar su viabilidad a largo plazo y mitigar los riesgos.

La diversificación es una estrategia fundamental de gestión de riesgos. Distribuir las inversiones entre diferentes criptomonedas, clases de activos y niveles de riesgo puede reducir la exposición a riesgos específicos y minimizar las pérdidas potenciales.

Definir los niveles de tolerancia al riesgo y utilizar órdenes de stop-loss puede ayudar a gestionar el riesgo a la baja. Las órdenes de stop-loss activan automáticamente la venta de una criptomoneda a un precio predeterminado, limitando las pérdidas potenciales si los precios se mueven en contra de la posición del trader. Mantenerse actualizado sobre los desarrollos regulatorios y los requisitos de cumplimiento es crucial. Adherirse a las pautas regulatorias ayuda a mitigar los riesgos legales y regulatorios asociados con el comercio de criptomonedas.

Priorice la seguridad mediante el uso de intercambios de buena reputación, el empleo de billeteras de hardware, la utilización de autenticación de dos factores y la práctica de una buena higiene de ciberseguridad. Actualizar regularmente el software, utilizar contraseñas seguras y evitar enlaces o descargas sospechosas son esenciales para proteger las inversiones.

Mantenerse informado sobre las tendencias, noticias y desarrollos del mercado ayuda a identificar posibles riesgos y oportunidades. Es crucial estar atento y ser cauteloso con los esquemas de manipulación del mercado. Es esencial confiar en fuentes de información confiables y realizar una debida diligencia exhaustiva antes de tomar decisiones de inversión.

Panorama Normativo y Cumplimiento Legal

El mercado de las criptomonedas ha experimentado recientemente un enorme crecimiento e innovación, atrayendo la atención mundial de inversores, empresas y reguladores. A medida que el mercado evoluciona, los marcos regulatorios y el cumplimiento legal se convierten en consideraciones cruciales para los participantes. Esta sección explora el panorama regulatorio que rodea a las criptomonedas y la importancia del cumplimiento legal en la industria. Profundiza en los desafíos y oportunidades que presentan las regulaciones, el impacto en los participantes del mercado y las estrategias para navegar por el complejo entorno regulatorio.

El panorama regulatorio de las criptomonedas varía significativamente entre jurisdicciones. Los reguladores de todo el mundo están tratando de abordar esta clase de activos emergentes, equilibrando la innovación con la protección de los inversores y la estabilidad sistémica. Algunos países han adoptado las criptomonedas, proporcionando directrices y marcos regulatorios claros, mientras que otros han expresado su escepticismo o han implementado medidas restrictivas. La falta de armonización regulatoria global ha creado un panorama complejo y fragmentado que los participantes deben navegar.

Los esfuerzos regulatorios en el mercado de criptomonedas generalmente apuntan a lograr varios objetivos. Estos incluyen la protección del consumidor, la prevención del lavado de dinero y las actividades ilícitas, la integridad del mercado, la estabilidad financiera y la confianza de los inversores. Sin embargo, los reguladores se enfrentan a varios retos a la hora de desarrollar regulaciones para las criptomonedas. Estos desafíos incluyen comprender la tecnología, mantenerse al día con los desarrollos del mercado, abordar las transacciones transfronterizas y lograr un equilibrio entre la innovación y la gestión de riesgos.

Las regulaciones tienen un impacto significativo en varios participantes del mercado en el ecosistema de las criptomonedas. Estos incluyen intercambios de criptomonedas, proveedores de billeteras digitales, proyectos de oferta inicial de monedas (ICO), inversores institucionales y comerciantes individuales. Los requisitos normativos, como la concesión de licencias, los procedimientos de Conozca a su cliente (KYC) y contra el blanqueo de capitales (AML), las obligaciones de información y el cumplimiento fiscal imponen costes adicionales y cargas operativas a las empresas. Los participantes en el mercado también deben considerar las implicaciones legales de sus actividades, incluidas las regulaciones de valores, el derecho contractual, los derechos de propiedad intelectual y las leyes de protección al consumidor.

Si bien navegar por el panorama regulatorio puede ser un desafío, el cumplimiento normativo ofrece varios beneficios a los participantes del mercado. En primer lugar, el cumplimiento de la normativa mejora la protección de los inversores al garantizar la transparencia, la equidad y la rendición de cuentas. Ayuda a eliminar los esquemas fraudulentos y los malos actores, aumentando la confianza en el mercado. En segundo lugar, el cumplimiento normativo atrae a inversores institucionales que a menudo requieren un

marco legal sólido y una supervisión regulatoria. Su participación aporta liquidez, estabilidad y adopción generalizada al mercado. Por último, el cumplimiento de la normativa puede fomentar la colaboración con las instituciones financieras tradicionales, fomentando la innovación y la integración entre el sector tradicional y el de las criptomonedas.

Navegar por el panorama regulatorio requiere un enfoque proactivo y adaptativo. Los participantes del mercado pueden emplear varias estrategias para garantizar el cumplimiento y navegar de manera efectiva por el entorno regulatorio en evolución:

Manténgase actualizado sobre los desarrollos regulatorios, las pautas y la legislación en las jurisdicciones relevantes. Monitoree regularmente las noticias de la industria, consulte a expertos legales y participe en conferencias y grupos de trabajo de la industria para mantenerse a la vanguardia de los cambios regulatorios.

Llevar a cabo una diligencia debida exhaustiva sobre los requisitos reglamentarios de las jurisdicciones en las que opera o planea participar. Comprenda las obligaciones específicas de cumplimiento, los requisitos de licencia y las obligaciones de presentación de informes para garantizar el pleno cumplimiento.

Establecer políticas y procedimientos internos de cumplimiento que se adhieran a los requisitos normativos. Implemente prácticas sólidas de AML y KYC, adopte protocolos seguros de privacidad y gestión de datos, y mantenga registros precisos y actualizados.

Interactúe activamente con los reguladores, las asociaciones de la industria y los responsables políticos. Proporcionar aportes, compartir conocimientos especializados y contribuir al desarrollo de marcos regulatorios. Establecer relaciones y abrir líneas de comunicación con los reguladores puede fomentar una mejor comprensión de la industria e influir en las decisiones regulatorias.

Colabore con socios de la industria para compartir las mejores prácticas, intercambiar conocimientos y abordar colectivamente los desafíos regulatorios. Los participantes del mercado pueden impulsar estándares de cumplimiento en toda la industria y promover iniciativas de autorregulación trabajando juntos.

Abogar por marcos regulatorios claros y predecibles.

Entablar un diálogo constructivo con los reguladores, destacando los beneficios de una normativa equilibrada que fomente la innovación al tiempo que salvaguarda la integridad del mercado y la protección de los inversores.

Adopte la agilidad y la flexibilidad para adaptarse a la evolución de las normativas. Supervise y evalúe continuamente el impacto de los cambios normativos en su negocio o estrategias de inversión. Ajuste las prácticas de cumplimiento, los procesos operativos y los marcos de gestión de riesgos en consecuencia.

La cooperación internacional desempeña un papel crucial en la configuración del panorama regulatorio de las criptomonedas. La colaboración entre los gobiernos, los organismos reguladores y las partes interesadas de la industria es esencial para fomentar la armonización, facilitar las transacciones transfronterizas y establecer normas reglamentarias coherentes. Iniciativas como el intercambio de información, los sandboxes regulatorios y los acuerdos internacionales pueden promover la coordinación, el intercambio de conocimientos y las mejores prácticas entre jurisdicciones.

Implicaciones Fiscales del Comercio de Criptomonedas

El comercio de criptomonedas ha crecido en popularidad recientemente, atrayendo a más participantes ansiosos por aprovechar las oportunidades que brindan los activos digitales. Sin embargo, los comerciantes e inversores deben comprender las implicaciones fiscales asociadas con el comercio de criptomonedas. El panorama fiscal que rodea a las criptomonedas es intrincado y varía según las jurisdicciones. Esta sección explora las consideraciones e implicaciones fiscales del comercio de criptomonedas, incluidas las ganancias de capital, el impuesto sobre la renta, las obligaciones de información y las estrategias para navegar por el complejo panorama fiscal para garantizar el cumplimiento y optimizar los resultados fiscales.

El comercio de criptomonedas implica varios eventos imponibles que pueden tener implicaciones fiscales significativas. Identificar y comprender estos eventos es crucial para garantizar una declaración de impuestos precisa. Los eventos imponibles más comunes en el comercio de criptomonedas incluyen las ganancias o pérdidas de capital resultantes de la venta o el intercambio de criptomonedas, los ingresos generados por las actividades mineras, los ingresos recibidos por el staking y las implicaciones fiscales de los airdrops y las bifurcaciones.

El impuesto sobre las ganancias de capital es una consideración fundamental para los comerciantes e inversores de criptomonedas. Cuando las criptomonedas se venden o intercambian por moneda fiduciaria u otros activos digitales, generalmente desencadena una ganancia o pérdida de capital. La forma en que se gravan las ganancias de capital está determinada por el tiempo que se mantienen las criptomonedas y por las regulaciones fiscales locales. En comparación con las ganancias de capital a largo plazo, las ganancias de capital a corto plazo, que resultan de la venta de criptomonedas mantenidas durante un tiempo relativamente corto, suelen estar sujetas a tasas impositivas más altas.

El impuesto sobre la renta es otro aspecto del comercio de criptomonedas que requiere una atención cuidadosa. Los ingresos derivados de las actividades mineras, que implican validar transacciones y agregarlas a la cadena de bloques, generalmente se consideran ingresos imponibles. Además, los ingresos generados por el staking, donde las criptomonedas se mantienen dentro de una red blockchain para respaldar las operaciones, también pueden estar sujetos al impuesto sobre la renta. El tratamiento fiscal específico de los ingresos relacionados con las criptomonedas varía según las jurisdicciones y debe entenderse y cumplirse en consecuencia.

Los comerciantes e inversores de criptomonedas suelen estar sujetos a obligaciones de información para garantizar el cumplimiento fiscal adecuado. Mantener registros precisos de las transacciones de criptomonedas, incluidas las fechas de compra y venta, los valores de las transacciones y las tarifas asociadas, es crucial para fines de declaración de impuestos. Los comerciantes deben informar sus transacciones de criptomonedas y las ganancias o pérdidas asociadas en sus declaraciones de impuestos, cumpliendo con los requisitos de información específicos de su jurisdicción. En algunos casos, las obligaciones de información de cuentas extranjeras pueden aplicarse a las tenencias de criptomonedas en bolsas extranjeras, lo que requiere el cumplimiento de requisitos de información adicionales.

Los comerciantes e inversores pueden emplear diversas estrategias de planificación fiscal para optimizar los resultados fiscales y garantizar el cumplimiento. Estas estrategias incluyen la selección cuidadosa de métodos de identificación basados en costos, como el primero en entrar, el primero en salir (FIFO) o la identificación específica, que pueden afectar el cálculo de las ganancias y pérdidas de capital. Además, la recolección de pérdidas fiscales se puede utilizar estratégicamente para compensar las ganancias de capital vendiendo criptomonedas con pérdidas. Explorar cuentas con ventajas fiscales, como las cuentas individuales de jubilación (IRA) o las pensiones personales autoinvertidas (SIPP), puede proporcionar beneficios fiscales por la tenencia de criptomonedas. Se recomienda encarecidamente buscar asesoramiento profesional de asesores fiscales o contadores con experiencia en asuntos fiscales de criptomonedas para garantizar una información fiscal precisa, el cumplimiento de la normativa y la identificación de oportunidades de planificación fiscal.

El panorama regulatorio que rodea a la tributación de las criptomonedas está en continua evolución. Los desarrollos regulatorios, como la orientación de las autoridades fiscales y los cambios legislativos, pueden afectar significativamente las obligaciones fiscales para los comerciantes e inversores de criptomonedas. La cooperación internacional y los esfuerzos de armonización entre las autoridades tributarias desempeñan un papel crucial en el establecimiento de un tratamiento fiscal coherente y en la reducción al mínimo de las complejidades fiscales transfronterizas. Mantenerse informado sobre las leyes fiscales locales, buscar asesoramiento profesional y monitorear activamente los desarrollos regulatorios son vitales para que los comerciantes e inversores naveguen de manera efectiva por el entorno fiscal en constante cambio.

Buscar Asesoramiento Profesional

El comercio de criptomonedas se ha convertido en una vía famosa para los inversores que buscan capitalizar las oportunidades potenciales que presentan los activos digitales. Sin embargo, las complejidades y los riesgos del mercado de criptomonedas requieren una toma de decisiones cuidadosa y una comprensión profunda de sus complejidades. Una de las estrategias más importantes para superar las dificultades del comercio de criptomonedas es buscar asesoramiento profesional de especialistas de la industria. Esta sección explora la importancia de buscar asesoramiento profesional, las áreas en las que la experiencia es invaluable, los beneficios de la orientación de expertos y las estrategias para encontrar e interactuar con profesionales calificados.

El mercado de criptomonedas opera en redes descentralizadas, distintas de los mercados financieros tradicionales. Su valoración está influenciada por varios factores, como los avances tecnológicos, el sentimiento del mercado, los desarrollos regulatorios y las condiciones económicas globales. Comprender estas dinámicas y su impacto en las decisiones comerciales requiere conocimientos especializados de la tecnología blockchain, el análisis de mercado, la gestión de riesgos y los marcos legales y regulatorios.

La experiencia en análisis técnico es crucial para evaluar las tendencias del mercado, los patrones gráficos y los movimientos de precios. Los traders profesionales poseen las habilidades para identificar posibles puntos de entrada y salida, reconocer los niveles de soporte y resistencia, e interpretar los indicadores y osciladores de manera efectiva.

El asesoramiento profesional proporciona información sobre el análisis fundamental, que implica evaluar el valor subyacente y el potencial de las criptomonedas. Los expertos evalúan los fundamentos del proyecto, incluida la experiencia del equipo, la tecnología, la adopción del mercado, las asociaciones y la competencia, lo que permite tomar decisiones de inversión informadas.

La gestión del riesgo es primordial en el comercio de criptomonedas. Los profesionales pueden ayudar a establecer niveles de tolerancia al riesgo, implementar órdenes de stop-loss y diversificar carteras para minimizar las pérdidas potenciales y proteger las inversiones.

El cambiante panorama regulatorio que rodea a las criptomonedas requiere la orientación de expertos para navegar por las implicaciones fiscales, las obligaciones de información y el cumplimiento legal. Los profesionales bien versados en las leyes fiscales de criptomonedas garantizan informes precisos y optimizan los resultados fiscales.

La seguridad es de suma importancia en el mercado de las criptomonedas. Los expertos brindan orientación sobre la administración segura de billeteras, las mejores prácticas para proteger las claves privadas y navegar por posibles amenazas de ciberseguridad.

Los profesionales poseen conocimientos especializados adquiridos a través de años de experiencia y aprendizaje continuo. Su experiencia les permite interpretar las tendencias del mercado, identificar oportunidades de inversión y mitigar los riesgos de manera efectiva.

La orientación de expertos ayuda a los traders e inversores a tomar decisiones bien informadas basadas en un análisis exhaustivo y una evaluación de riesgos. Los profesionales proporcionan información objetiva, ayudando a las personas a evitar errores comunes y tomar decisiones comerciales estratégicas.
El mercado de criptomonedas opera las 24 horas del día, los 7 días de la semana, y mantenerse actualizado con los desarrollos del mercado requiere mucho tiempo y esfuerzo. Buscar asesoramiento profesional permite a los traders e inversores aprovechar la experiencia de los profesionales, ahorrando tiempo y energía al tiempo que acceden a información valiosa.

Los profesionales a menudo tienen acceso a amplias redes y recursos, incluidas herramientas de investigación, datos de mercado y conexiones de la industria. Este acceso mejora la calidad y la profundidad del análisis, proporcionando a los operadores e inversores una ventaja competitiva.

Como resultado de la naturaleza volátil del mercado de criptomonedas, los operadores pueden hacer juicios impulsivos e irracionales. Los profesionales brindan apoyo emocional, ayudando a las personas a navegar por las fluctuaciones del mercado y mantener un enfoque disciplinado para el comercio.

La investigación exhaustiva es esencial para identificar profesionales calificados con experiencia en áreas específicas de interés. Busque certificaciones de la industria, experiencia relevante y testimonios positivos de clientes.

Busque recomendaciones de fuentes confiables, incluidos otros comerciantes, inversores y asociaciones de la industria. Las referencias pueden proporcionar información valiosa y ayudar a identificar profesionales de buena reputación.

Programe consultas o entrevistas con posibles profesionales para discutir sus áreas de especialización, enfoque del trading y filosofía de inversión. Esta interacción ayuda a medir su conocimiento, estilo de comunicación y compatibilidad con sus objetivos comerciales personales.

Establecer una comunicación abierta y continua con el profesional seleccionado. Comparta regularmente los objetivos de inversión, la tolerancia al riesgo y las preferencias comerciales para garantizar un enfoque personalizado de asesoramiento y apoyo.

Si bien confiar en el asesoramiento profesional es valioso, es crucial continuar aprendiendo y ampliando el conocimiento en el comercio de criptomonedas. Esto permite a los traders e inversores comprender mejor el asesoramiento recibido y tomar decisiones informadas basadas en sus propias evaluaciones.

CONCLUSIÓN

Resumen de los Puntos Clave

A lo largo de este libro electrónico, hemos profundizado en varios aspectos del comercio de criptomonedas, explorando el análisis de mercado, las estrategias comerciales, la gestión de riesgos y la importancia del asesoramiento profesional. Al concluir nuestro debate, es esencial recapitular los puntos clave tratados y reforzar las ideas fundamentales obtenidas. Este resumen es una revisión exhaustiva de los conocimientos y principios esenciales para el éxito del comercio de criptomonedas.

I.   Entendiendo el Mercado de Criptomonedas

Los activos digitales conocidos como criptomonedas utilizan la tecnología blockchain para operar en redes descentralizadas. Ofrecen oportunidades potenciales de inversión y están influenciadas por varios factores, como los avances tecnológicos, el sentimiento del mercado y los desarrollos regulatorios.

El éxito del trading requiere una combinación de análisis técnico y fundamental. El análisis técnico implica el estudio de gráficos de precios, la identificación de tendencias y el uso de indicadores para tomar decisiones comerciales. El análisis fundamental evalúa el valor subyacente y el potencial de las criptomonedas teniendo en cuenta factores como la experiencia del equipo, la tecnología, la adopción del mercado, las asociaciones y la competencia.

II.   Estrategias de Trading

Los traders pueden elegir entre estrategias a corto y largo plazo en función de sus objetivos de trading y tolerancia al riesgo. El trading a corto plazo se centra en explotar las fluctuaciones de precios a corto plazo, mientras que el trading a largo plazo implica mantener posiciones durante un período prolongado, capitalizando el potencial de crecimiento a largo plazo de las criptomonedas.

El day trading implica la ejecución de múltiples operaciones en un solo día para aprovechar los movimientos de precios intradía. Requiere un seguimiento estrecho del mercado y el uso de indicadores de análisis técnico para identificar oportunidades comerciales a corto plazo.

El swing trading tiene como objetivo capturar las oscilaciones de precios a corto plazo dentro de una tendencia más amplia. Basándose en los patrones e indicadores de precios, los traders utilizan el análisis técnico para identificar los puntos de entrada y salida de las operaciones.

El trading de posiciones implica mantener posiciones durante un período prolongado, a menudo semanas o meses, para aprovechar las tendencias del mercado a largo plazo. El análisis fundamental desempeña un papel vital en la identificación de criptomonedas prometedoras para la inversión a largo plazo.

III.   Gestión de Riesgos y Psicología

Comprender la tolerancia personal al riesgo es crucial para evitar una exposición excesiva a la volatilidad del mercado. Los traders deben establecer niveles de tolerancia al riesgo e implementar estrategias de gestión de riesgos como órdenes de stop-loss y diversificación de carteras.

Las emociones pueden tener un impacto negativo en las decisiones de trading. Desarrollar la disciplina emocional, adherirse a un plan de trading y utilizar un análisis objetivo puede ayudar a los traders a tomar decisiones racionales y evitar acciones impulsivas impulsadas por el miedo o la codicia.

IV.   Asesoramiento Profesional

Buscar orientación de profesionales con conocimientos especializados y experiencia en áreas como el análisis técnico, el análisis fundamental, la gestión de riesgos y el cumplimiento tributario puede proporcionar información valiosa y respaldar la toma de decisiones.

La investigación, la búsqueda de referencias y la realización de consultas son estrategias efectivas para encontrar e interactuar con profesionales calificados. La comunicación continua y una mentalidad de aprendizaje continuo ayudan a fomentar una relación colaborativa y productiva.

V.   Consideraciones regulatorias y legales

El entorno regulatorio que rodea a las criptomonedas está evolucionando. Los comerciantes e inversores deben mantenerse informados sobre las obligaciones fiscales, los requisitos de información y el cumplimiento legal en sus respectivas jurisdicciones.

El comercio de criptomonedas puede desencadenar obligaciones fiscales, incluido el impuesto sobre las ganancias de capital y el impuesto sobre la renta. Comprender las leyes fiscales, mantener registros precisos y buscar asesoramiento profesional puede garantizar el cumplimiento y optimizar los resultados fiscales.

En este libro electrónico, hemos explorado los aspectos fundamentales del comercio de criptomonedas, cubriendo el análisis de mercado, las estrategias comerciales, la gestión de riesgos, el asesoramiento profesional y las consideraciones regulatorias. Al comprender los conceptos básicos del mercado de criptomonedas, emplear estrategias comerciales adecuadas, administrar el riesgo, buscar asesoramiento profesional y mantenerse informado sobre los requisitos regulatorios, los comerciantes pueden mejorar sus posibilidades de éxito en este campo dinámico y en evolución. El resumen de los puntos clave sirve como una referencia valiosa, reforzando las ideas y el conocimiento necesarios para la toma de decisiones informadas y la participación efectiva en el comercio de criptomonedas. Con el aprendizaje continuo, la adaptabilidad y un enfoque disciplinado, los traders pueden navegar por las complejidades del mercado y aprovechar las oportunidades para experiencias de trading rentables.

VI.   Reflexiones Finales Sobre el Comercio de Criptomonedas

El comercio de criptomonedas se ha convertido en una fuerza transformadora, que altera las finanzas tradicionales y presenta una gran cantidad de oportunidades tanto para los inversores como para los comerciantes. A lo largo de este libro electrónico, hemos explorado varios aspectos del comercio de criptomonedas, incluido su auge e impacto, oportunidades y desafíos, enfoques estratégicos, gestión de riesgos, control emocional, aprendizaje continuo y el poder de la creación de redes. Al concluir esta exploración exhaustiva, es crucial reflexionar sobre los conocimientos clave adquiridos y ofrecer reflexiones finales sobre el emocionante y en constante evolución mundo del comercio de criptomonedas.

Las criptomonedas han revolucionado el panorama financiero, ofreciendo alternativas descentralizadas a los sistemas tradicionales. Con su potencial para aumentar la accesibilidad, la inclusión financiera y la creación de riqueza, las criptomonedas han capturado la imaginación de las personas de todo el mundo. Además, la tecnología subyacente de las criptomonedas, blockchain, tiene el poder de remodelar varias industrias más allá de las finanzas, creando una base para la transparencia, la seguridad y la eficiencia.

El comercio de criptomonedas presenta una gran cantidad de oportunidades para el crecimiento financiero. Los rápidos movimientos de precios, las tecnologías emergentes y las ineficiencias del mercado ofrecen a los traders e inversores vías de obtención de beneficios. Sin embargo, el mercado de las criptomonedas también es conocido por su volatilidad, incertidumbres regulatorias y riesgos. Navegar con éxito estos desafíos requiere un enfoque estratégico, una gestión de riesgos disciplinada y una comprensión profunda de la dinámica del mercado. Para sobresalir en el comercio de criptomonedas, la educación y la investigación son primordiales. Mantenerse informado sobre las tendencias del mercado, los avances tecnológicos y los cambios regulatorios permite a los operadores tomar decisiones informadas y adaptarse a la naturaleza dinámica del mercado. Desarrollar un plan de trading con objetivos claros, niveles de tolerancia al riesgo y estrategias de entrada y salida proporciona una hoja de ruta para el éxito y minimiza la toma de decisiones emocionales.

La gestión eficaz del riesgo es esencial para el éxito sostenible de las operaciones. El establecimiento de parámetros de riesgo, como el establecimiento de niveles de tolerancia al riesgo y la implementación de estrategias de gestión de riesgos como órdenes de stop-loss y diversificación de carteras, protege el capital y mitiga las pérdidas potenciales. Además, la naturaleza descentralizada de las criptomonedas requiere una mayor atención a la seguridad. El uso de billeteras seguras, el empleo de autenticación multifactor y mantenerse alerta contra los intentos de phishing son pasos cruciales para salvaguardar los activos.

Las emociones juegan un papel importante en las decisiones de trading. Adoptar el control emocional y la disciplina permite a los traders tomar decisiones racionales basadas en el análisis y la estrategia, en lugar de dejarse llevar por el miedo o la codicia. Al gestionar las emociones y adherirse a un plan de trading bien definido, los traders pueden evitar acciones impulsivas y mantenerse enfocados en sus objetivos a largo plazo.

El comercio de criptomonedas es un panorama en rápida evolución que exige un aprendizaje y una adaptación continuos. Adoptar el aprendizaje permanente, mantener la curiosidad y buscar nueva información son esenciales para mantenerse a la vanguardia de los desarrollos de la industria. La experimentación, el ajuste de estrategias y la adopción de nuevas técnicas permiten a los operadores mantenerse ágiles frente a las condiciones cambiantes del mercado. Aprender de los errores y comprometerse con la comunidad fomenta el crecimiento, la innovación y la expansión de las conexiones profesionales.

La participación activa en comunidades, foros y conferencias de criptomonedas fomenta la creación de redes, la colaboración y el intercambio de ideas. Relacionarse con personas de ideas afines, compartir conocimientos y experiencias, y buscar asesoramiento profesional acelera el aprendizaje y mejora los resultados comerciales. Los profesionales experimentados ofrecen conocimientos especializados, conexiones en la industria y tutoría que pueden guiar a los operadores hacia el éxito.

Al concluir nuestra exploración del comercio de criptomonedas, está claro que este campo dinámico y transformador tiene un inmenso potencial para el crecimiento financiero, la innovación y el desarrollo personal. Al abordar el comercio de criptomonedas con una mentalidad estratégica, gestionar los riesgos de manera efectiva, mantener el control emocional, participar en el aprendizaje continuo y aprovechar el poder de la creación de redes, los operadores pueden navegar con confianza por las complejidades del mercado y aprovechar las oportunidades en el espacio de los activos digitales. El comercio de criptomonedas es una frontera emocionante que exige dedicación, perseverancia y un compromiso con la educación continua. Al aceptar la naturaleza en constante evolución del mercado, mantenerse adaptable y aprovechar el poder del conocimiento y la colaboración, los comerciantes pueden prosperar y contribuir al avance de esta industria innovadora. Con cada operación, cada interacción y cada oportunidad de aprendizaje, los operadores se embarcan en un viaje de crecimiento y exploración, dando forma a su propio camino en el cautivador mundo del comercio de criptomonedas.